CHRISTOPH SPÖCKER

ROGER WILLEMSEN

– KLEINE ANEKDOTEN AUS DEM LEBEN EINES GROSSEN INTELLEKTUELLEN –

riva

Bibliografische Information der Deutschen Nationalbibliothek
Die Deutsche Nationalbibliothek verzeichnet diese Publikation in der Deutschen Nationalbibliografie. Detaillierte bibliografische Daten sind im Internet über http://dnb.d-nb.de abrufbar.

Für Fragen und Anregungen:
info@rivaverlag.de

Originalausgabe
3. Auflage 2016

Nymphenburger Straße 86
D-80636 München
Tel.: 089 651285-0
Fax: 089 652096

Redaktion: Sebastian Brück, Düsseldorf
Umschlaggestaltung: Catharina Aydemir, Starnberg
Umschlagabbildung: Ullstein / Unkel
Satz: inpunkt[w]o, Haiger
Druck: Graspo CZ, Tschechische Republik
Printed in the EU

ISBN Print 978-3-86883-828-2
ISBN E-Book (PDF) 978-3-95971-128-9
ISBN E-Book (EPUB, Mobi) 978-3-95971-129-6

Inhalt

Vorwort ... 5
Adenauers Lüge ... 8
Yoga statt Fernsehen ... 10
Willemsens Ehrenrunde ... 12
Flucht aufs Internat ... 14
Willemsen und die englische Austauschschülerin ... 16
Willemsen und die dicke Prostituierte ... 18
Willemsen der Nachtwächter ... 20
Ein Rehbock in der Bank ... 22
Der schwarze Afghane ... 24
Roger Willemsen und der »zerebrale Schaden« ... 26
Der missglückte Roman ... 28
Ein Gelehrter im Opiumrausch ... 30
Warum eigentlich Roger? ... 32
Der Ansager von »Premiere« ... 34
Willemsen und der Menschenfresser ... 36
Willemsen der Therapeut ... 38
Willemsen, Dieter Hildebrandt und die Livesendung ... 40
Willemsen und der Dalai-Lama ... 42
Willemsen, Michel Petrucciani und das NYPD ... 44
Willemsen zu Gast bei Berti Vogts ... 46
Roger Willemsen der Bahnfahrer ... 48
Willemsen sind die Schuhe zu klein ... 50

Willemsen und die handgemachten Pferdelederschuhe 52
Roger Willemsen: ein Sünder im Kloster 54
Die brennende Unterhose 56
Der Philosoph und die Mutter Gottes 59
Willemsen auf dem Klo der Taliban 61
Willemsen und die afghanischen Kinder 63
Willemsen und die verbale Kanonade 65
Literatur und Rotwein 67
Am Ende der Kurve 69
Willemsen auf Dantes Spuren 71
Ein Orang-Utan namens Roger 73
Willemsen und die Stille 75
Ein Unfall an der Alster 77
Willemsen, Saddam Hussein und der Leistenbruch 79
Willemsen und die tote Großmutter 81
Willemsen und der erleuchtete Asket 83
Afghanische Weisheit 85
Quellennachweis 87

Vorwort

Reiseleiter, Museumswärter, Nachtwächter, Vorzeigeintellektueller, ewig Reisender, Bestsellerautor, Botschafter für Menschenrechte, Grimme-Preisträger, Womanizer und noch vieles mehr. Es klingt fast zu viel für einen einzigen Menschen. Kaum vorstellbar, dass einer allein so viele Punkte auf dem weißen Blatt der Vita aneinanderreihte und nicht sofort für einen Hochstapler gehalten wurde. Doch wenn Roger Willemsen von seinen vielen Tätigkeiten und Ehrenämtern sprach, kam kein Mensch auf die Idee, ihn der Hochstapelei zu bezichtigen.

Und auch wenn der Mann mit dem schelmischen Funkeln in den Augen ungeniert zugab, dass das Leben durch die eine oder andere Lüge erst interessant wird, wirkte doch alles an ihm so authentisch, so echt. Er schien mit sich und der Welt im Reinen zu sein. Und dennoch oder vielleicht gerade deshalb legte er ein nicht enden wollendes Engagement an den Tag, wenn es darum ging, den Armen und Schwachen zu helfen. Ob es nun um Frauenrechte in Afghanistan, gefolterte Terrorverdächtige aus Guantánamo, die Missstände in indischen Bordellen oder auch einmal ganz eigennützig um den »Schutz des eigenen Lebensraums« ging, der groß gewachsene Publizist mit der Hornbrille war immer wieder in der vordersten Reihe zu finden. Dabei hatte

Willemsen keineswegs die Absicht, sich als Held in weißer Rüstung zu präsentieren. Er selbst war bei all seinen Unternehmungen nur von untergeordneter Bedeutung, es ging ihm viel mehr um die Unternehmung selbst und die aus ihr entstehende Botschaft.

Doch der Intellektuelle mit dem schnellen Mundwerk war alles andere als immer nur ernst. Mit seinem jungenhaften Charme erweckte er den Eindruck, als wäre er permanent dabei, neue Streiche auszuhecken. Diese freche Ader lebte er nur zu gern aus, beispielsweise wenn er zusammen mit Dieter Hildebrandt das humoristische Bühnenprogramm »Ich gebe Ihnen mein Ehrenwort!« zum Besten gab.

Seine Bücher stehen regelmäßig auf den Bestsellerlisten, seine legendären Interviews haben Kultstatus. Was er anpackte, das schien ihm auch zu gelingen, egal, ob es sich nun um investigativen Journalismus, essayistische Reiseberichte, Kabarett oder Rednerauftritte handelte. Wahrscheinlich liegt es daran, dass Roger Willemsen sich für die unterschiedlichsten Vorhaben begeistern konnte. Sein Interesse an der Welt schien grenzenlos, und auch er selbst machte den Eindruck, dass Grenzen für ihn nicht immer von besonderer Bedeutung waren. Wohl eher das Überschreiten selbiger, seien sie nun physischer oder geistiger Natur.

Roger Willemsen hat fast die ganze Welt bereist und von dort ein prall geschnürtes Bündel farbenfroher Geschichten mitgebracht. Dieses Buch zeigt eine breite Auswahl an bunten Anekdoten über ihn – mal albern, mal ernst, mal rührend, mal schlüpfrig. So vielschichtig wie der Protagonist selbst, der wusste: »Richtig Mensch ist offenbar erst, wer auch richtig Schwein ist.«

Roger Willemsen ist am Sonntag, den 7. Februar 2016, im Alter von 60 Jahren seinem Krebsleiden erlegen. Über seine Lebenszeit sagte Willemsen einmal: »Ich habe meine Frist. Ich erfülle sie.« Nun ist sie leider abgelaufen. Möge er in Frieden ruhen.

Adenauers Lüge

Deutschland Ende der 50er-Jahre, in der Nähe von Bonn: Roger Willemsen ist ein kleiner Junge und lebt zusammen mit seiner Familie in einem kleinen Häuschen neben einem Schloss. Es ist beinahe wie im Märchen. Der Fürst des Schlosses hat sieben Töchter und ist steinreich. Wenn er im Herbst zur Jagd lädt, ziehen sich Spuren blutigen Wildes durch den Kies. Von Zeit zu Zeit empfängt er hohen Besuch, unter anderem den berühmten Schriftsteller Thomas Mann.

Doch das Leben auf dem Schloss klingt romantischer, als es ist. Denn das luxuriöse Anwesen und der feudale Lebensstil des Fürsten stehen in krassem Gegensatz zum Alltag der Willemsens. Als Maler fällt das Einkommen des Vaters sehr bescheiden aus, und der kleine Roger wächst in »bizarren Umständen« auf: Unterm Klo tummeln sich die Mäuse. Wenn der Fürst verreist, dreht er das heiße Wasser ab, und die Familie im Häuschen nebenan kann nur noch kalt duschen. Willemsen selbst bezeichnet den damaligen Lebensstil als »boheme«.

Der eigenen Armut ungeachtet prägt die »höfische Welt« den jungen Roger. Auch wenn er nicht aristokratisch lebt, zeigen sich immer wieder Spuren aus diesen vom Adel gestreiften Kindertagen in seinem Werk.

Eine ganz besondere Erinnerung dreht sich um Konrad Adenauer. Der Kanzler ist ein häufiger Gast des Fürsten. Gerne kommt er zur »Donnerstagsgesellschaft vorbei«. Bei diesen Gelegenheiten sieht ihn auch der kleine Roger immer mal wieder. Einige Zeit später, Roger ist inzwischen sieben und die Familie lebt im Nachbardorf, kommt Adenauer auf seiner Wahlkampftour durch den Wohnort der Willemsens. Der Kanzler beginnt seine Rede, doch schon nach ein paar Sätzen geschieht das Undenkbare: Ein fünfzehnjähriger Junge unterbricht den ehrwürdigen Herrn Bundeskanzler mit den Worten: »Das stimmt nicht.« Daraufhin sieht Adenauer ihn an »wie ein Insekt«. Doch das ändert nichts am Wahrheitsgehalt der Worte des Jungen. Adenauer eröffnet seine Rede nämlich mit der Behauptung, dass er sich noch sehr gut an seine vier Jahre zurückliegende Rede vor derselben »wunderschönen Schule« erinnere. Doch so alt ist die Schule noch gar nicht, und das wissen die anwesenden Bauern. So blamiert sich der Bundeskanzler vor versammelter Runde und bringt Roger Willemsen damit immer wieder zum Lachen. Der beherzte Ausruf des Nachbarjungen bleibt für den weit gereisten Schriftsteller bis zuletzt ein unvergesslicher »Akt der Zivilcourage«.

Yoga statt Fernsehen

Wenn man Kinder hat, muss man schon einiges mitmachen – da sind sich wohl die meisten Eltern einig. Dasselbe gilt allerdings auch umgekehrt. Denn auch Kinder brauchen manchmal eine ordentliche Portion Geduld, um die Ideen ihrer Eltern zu ertragen. So geht es Roger Willemsen mit seiner Mutter. Er ist ein Junge von sieben Jahren, und Mama Willemsen durchläuft gerade eine Yogaphase. Zu Rogers Leidwesen animiert sie ihn, sich mit ihr gemeinsam zu verbiegen, da sie glaubt, ihr würden die Yogaübungen »im Synchronakt« mit ihrem Sohn leichter fallen.

So machen die beiden auf dem Teppich im heimischen Wohnzimmer »den abwärtsstrullenden Hund«.

Trotz der meditativen Om-Laute, die Mama Willemsen permanent von sich gibt, fällt es dem jungen Roger doch recht schwer »sich auf Transzendentales einzurichten«. Der Anblick seiner Mutter, wie sie in einer Wollstrumpfhose auf dem Boden sitzt, irritiert ihn dann doch zu sehr. Während die Mutter meditiert und verschiedene Figuren macht, wird es dem Siebenjährigen ziemlich schnell langweilig. Einen Fernseher, den er zur Ablenkung einschalten könnte, hat die Familie nicht. Also beginnt der kleine Roger, um der lähmenden Monotonie zu entfliehen, die Staubmäuse unter dem Bücherregal zu zählen.

Doch er weiß schon, dass es ihm seine Mutter so leicht nicht machen wird. Sie hat schließlich hohe Erwartungen an die fernöstliche Lehre und rechnet mit einer wie auch immer gearteten Erfahrung des Nirwanas. Kreativ wie er ist, erfüllt der kleine Racker seiner Mutter diesen Wunsch. Er kommt von seiner Erkundungstour der Staublandschaft unter dem Regal zurück und behauptet, er habe das Nirwana gesehen. Darauf zeigt sich seine Mutter, wenn auch ein bisschen neidisch, mit den Worten »Dir fällt das so viel leichter, du mit deiner Unschuld« doch sehr beeindruckt.

Willemsens Ehrenrunde

Wenn Roger Willemsen heute von seiner Schulzeit erzählt, heben sich die Augenbrauen, Stirnen runzeln sich, und Ausrufe des Unglaubens hallen durch den Raum. Kaum zu glauben, aber der eloquente Herr mit der Hornbrille, wohlgemerkt Doktor der Literatur, ist zu Schulzeiten alles andere als ein Überflieger. Wie so viele Schüler vor und nach ihm stolpert auch Willemsen über die garstigen Naturwissenschaften Mathematik, Physik und Chemie. Als wäre das noch nicht genug, macht dem jungen Roger auch noch die tote Sprache Latein das Leben schwer. Und so muss der Gymnasiast auf dem steinigen Weg zum Abitur nicht nur eine, sondern gleich zwei Ehrenrunden drehen. Die Gründe dafür liegen für ihn auf der Hand, und er geht gnadenlos, aber immer mit einem Augenzwinkern mit sich selbst ins Gericht. So beschreibt Willemsen sein früheres Ich als »dumm, langhaarig, verpickelt«.

Zu allem Überfluss kommt erschwerend hinzu, dass er auf einmal zwei Jahre älter ist als seine Klassenkameraden. Gerade wenn es um Mädchen geht, wird ihm sein Versagen immer wieder schmerzhaft bewusst. In ihren Augen, so glaubt Willemsen, ist er ein »Loser«. Und welches weibliche Wesen dieser Welt, egal, ob junges Mädchen oder erwachsene Frau, will schon etwas von einem verpickelten Verlierer wissen?

Es ist eine harte Zeit für Willemsen. Er ist nicht nur schulisch »die letzte Gurke«, sondern, resultierend aus seiner Loserrolle, auch noch »libidinös unerlöst«. Mit Willemsens letzter Mathearbeit kurz vor dem Abitur erreicht die Schmach dann endgültig ihren Gipfel. Wohlwissend, dass das Schiff ohnehin nicht mehr gerettet werden kann, schreibt der frustrierte Schüler »Die lange Nacht nimmt ein Ende« aufs Papier und kassiert eine satte Sechs. Zu allem Überfluss ist es ausgerechnet Fräulein Biersack, die schönste Lehrerin der Schule, die die Arbeit des jungen Roger benotet. Wie alle anderen auch ist Willemsen in das Fräulein mit dem »schmeichelhaften« Nachnamen verliebt und würde ihr nur zu gerne imponieren. Doch es ist ihm nicht vergönnt. Und ohnehin wäre es vergebene Liebesmüh, denn Fräulein Biersack ist »immer mit den falschen Physiklehrern zusammen«.

Flucht aufs Internat

Eines wird Willemsen dank seiner schulischen Talfahrt ganz klar: Alleine schafft er das nicht. »Irgendjemand muss hinter mir stehen und mich peitschen«, wie er selber es ausdrückt. Und so geht der junge Roger freiwillig ins Internat an die Nordsee, genauer gesagt: nach Büsum.

In dem ehemaligen Seemannsheim will Roger Willemsen Selbstdisziplin lernen. Der Drill des Internatsalltags scheint ihm ein probates Mittel zu sein, wäre da bloß nicht die Langeweile. Viel mehr als Schlick gibt es nämlich nicht am Ort seines Exils, und so stiehlt sich der Teenager des Nachts aus seinem Zimmer, um ein paar Runden am Deich entlangzurudern oder Krabben zu fischen. Mit dem Ergebnis, dass er tagsüber müde ist und die erhofften schulischen Glanzleistungen erst einmal ausbleiben.

Doch Willemsen ist nicht der Einzige, der aus der Reihe tanzt, ist seine neue Schule doch kein gewöhnliches Internat, sondern vielmehr eine Art Strafkolonie für Lehrer mit nicht ganz einwandfreier Akte. Im Gegensatz zum eifrigen Willemsen sind die Pädagogen nämlich keineswegs freiwillig in dem beschaulichen Urlaubsort. Sie teilen sich ihr Exil mit dem Schüler aufgrund von Strafversetzungen. So sieht sich der Direktor der Schule zum Dienst in Büsum verdonnert, weil er betrunken »in eine Metzgerei eingebrochen war und einen Schinken gestohlen hatte«.

Ein anderer Lehrer ist seit einem Verkehrsunfall besonders empfänglich für Free Jazz und fängt sofort an, sich rhythmisch zu bewegen, wenn er Jazzmusik hört. Ein gefundenes Fressen für Willemsen und seine Mitschüler, die nur die richtige Platte auflegen müssen, wenn dieser Lehrer sie abends ins Bett bringt, und schon gibt es eine Tanzeinlage. Es ist »eine sehr wunderliche Schule«. Doch letzten Endes schafft der langhaarige Roger allen Widrigkeiten zum Trotz das Abitur, und einer akademischen Laufbahn steht nichts mehr im Wege.

Willemsen und die englische Austauschschülerin

Roger Willemsen ist siebzehn Jahre alt und damit soeben der Pubertät entwachsen. Mit den Mädchen tut er sich immer noch schwer. Er weiß noch nicht so recht, wie er vorgehen muss, um das schöne Geschlecht erfolgreich zu bezirzen.

Von der Erfahrung mit der englischen Austauschschülerin Angela Mills einmal abgesehen, halten sich seine Verführungen bisher noch sehr in Grenzen. Und auch dieses Kapitel ist im Rückblick nicht besonders rühmlich. Während er mit dem Mädchen im Bett liegt und Griffe anwendet, die er aus Zeiten »bei der DLRG« kennt, wird ihm auf einmal peinlich bewusst, dass er keine Ahnung hat, wo er die erogenen Zonen der Austauschschülerin suchen soll. Dementsprechend steif »wie Lenin in seinem Mausoleum« liegt das Mädchen da und bewegt sich keinen Millimeter. Unbeholfen führt der Teenager eine »sensible Akupressur« an ihr durch, mit dem Ergebnis, dass sie dringend mal aufs Klo muss. Von wo sie dann auch nicht wieder zurückkommt.

Doch so schnell lässt der angehende Casanova die Hoffnung nicht fahren. »Nach diesem Interruptus« folgt er seiner Angebeteten per Anhalter nach London und steht kurze Zeit später »im beigen Parka« bei der Familie Mills im Wohnzimmer. Allerdings ohne den lieben Leuten vorher Bescheid gesagt zu haben. So ist es nicht weiter verwunderlich, dass Mutter Mills angesichts des unverhofften Gastes nicht gerade sehr »amused« ist. Obwohl Willemsen behauptet, er sei eingeladen, möchte die gute Frau ihn am liebsten sofort vor die Tür setzen.

Schließlich bekommt sie aber doch Mitleid mit dem Jungen und macht ihm erst einmal eine Tasse Tee. Nach und nach gibt sie dem Drängen des unerwarteten Gastes nach, und so kommt es, dass Willemsen zwei Wochen bei der englischen Familie verbringt. Wie es bei den Briten Sitte ist, überlassen die Eltern ihm sogar ihr Ehebett für die Dauer seines Aufenthaltes.

Als es dann Zeit ist, Abschied zu nehmen, fängt Mutter Mills an zu weinen, so sehr hat sie den jungen Willemsen ins Herz geschlossen. Angela, die Tochter, ist allerdings »heilfroh«, dass ihr Verehrer endlich das Weite sucht.

Willemsen und die dicke Prostituierte

Willemsens Erfahrung mit einer Vertreterin des horizontalen Gewerbes ist nach eigenen Angaben eine »unheimliche Geschichte«. Nach einigen ebenso einschüchternden wie ernüchternden Bordellbesuchen mit Freunden – sie gehen nur dahin, »um zu gaffen« – lernt Willemsen in einem Café eine wasserstoffblonde Frau kennen. Sie hat »dicke Arme und einen Kopf wie ein Kalb«. Der junge Roger findet sie »hinreißend« und bittet sie um eine Verabredung, nicht ahnend, dass sie eine Prostituierte ist.

Zuerst versetzt sie ihn zweimal, doch dann, beim dritten Anlauf, klappt es endlich, und Willemsen holt sie mit seinem Motorroller ab. Bei dieser Begegnung dämmert es ihm dann. Der Weihnachtsbaum in ihrer Hand – sie hat ihn von einem Bodybuilder, dem sie an diesem Tag bereits manuell Befriedigung verschafft hat – ist sozusagen das lamettastarrende Indiz für ihr Gewerbe. Doch daran stört sich Willemsen nicht weiter. Er akzeptiert, »dass sie anders« ist, und die beiden gehen miteinander ins Bett.

Die Erfahrung stellt sich als sehr bizarr heraus. Als würde es nicht ausreichen, dass sie einen Gummislip trägt, der sich per Druckknopf im Schritt öffnen lässt, kommentiert sie den gemeinsamen Akt »wie Waldemar Hartmann bei einem Fußballspiel«. Kein schönes Erlebnis. Und doch kann Willemsen sein Begehren nicht verleugnen. Daran können weder die speckigen Handgelenke der Dame noch ihr aphrodisierendes Körperpuder etwas ändern. Irgendetwas sieht Willemsen in ihr und – wer weiß – sie womöglich auch in ihm, denn immerhin bittet die Dame ihren Freier nicht zur Kasse. Allerdings wohl eher aus Mitleid, wie Willemsen vermutet.

Willemsen der Nachtwächter

Während seiner Bonner Studienjahre hat Roger Willemsen wenig Geld und ist wie so viele Studenten auf einen Nebenjob angewiesen. Aber Willemsen wäre nicht Willemsen, wenn er einfach irgendeinen Job machen würde. Er arbeitet nicht etwa als Kellner oder Nachhilfelehrer. Nein, Roger Willemsen verdient sich als Nachtwächter nebenbei etwas dazu.

Der Job ist zwar »miserabel bezahlt«, aber dafür »literarisch«, und noch dazu hat Willemsen die ganze Nacht Zeit zum Lesen. Er muss während seiner Zwölf-Stunden-Schichten nämlich lediglich drei Rundgänge machen, ansonsten kann er sich in aller Ruhe Dickens und Dostojewski zu Gemüte führen.

Von der Bonner Wach- und Schließgesellschaft wird er an 30 verschiedenen Stellen als Springer eingesetzt. Dadurch lernt der Student ganz nebenbei auch jede Menge öffentlicher und nicht ganz so öffentlicher Gebäude kennen. Darunter die Bundesbaudirektion, den Bonner Schlachthof, das amerikanische Konsulat und viele, viele mehr.

Bei dieser Arbeit kommt es auch immer wieder zu recht skurrilen Situationen. So begegnet er zum Beispiel in der Karnevalszeit eines Nachts einer Frau mit entblößten Brüsten, die von mehreren Beamten verfolgt wird und ohne Pause ruft: »Ich kann doch nicht mehr! Ich kann doch nicht mehr!« Bei einem seiner Rundgänge findet Willemsen sogar eine Leiche.

Der schlimmste Einsatzort von allen, so hebt Willemsen hervor, ist allerdings die FDP-Zentrale. Während einer seiner Schichten hört er dort in einem der Stockwerke ein verräterisches Rascheln. Mutig greift er zur Taschenlampe, seiner einzigen Waffe, und ist »bereit, die Person zu verhaften«. Zu seinem Erstaunen ist es dann aber Hans-Dietrich Genscher, der da zu später Stunde noch zugange ist.

In einem späteren Interview mit dem deutschen Außenminister erinnert sich Genscher an Willemsens Gesicht. »Ich kenne Sie«, sagt er zu seinem Gegenüber. Woraufhin Willemsen antwortet: »Ich war mal Ihr Nachtwächter.« Dass Willemsen damals drauf und dran war, den Außenminister als vermeintlichen Einbrecher zu ertappen, lassen die beiden bei dieser Gelegenheit jedoch gekonnt unter den Tisch fallen.

Ein Rehbock in der Bank

Die abstruse Geschichte des Rehbocks in der Bank fällt ebenfalls in Roger Willemsens Zeit als Nachtwächter. 72 Stunden lang muss er in der Lastenausgleichsbank Wache halten. Es kommt erschwerend hinzu, dass einem Kollegen in einer vorherigen Nacht ein mutmaßlicher Eindringling entwischt ist, der zu allem Überfluss auch noch einen Schlüssel zum Gebäude hat. Willemsen ist also »sehr übernächtigt«. Er weiß, da gibt es einen mysteriösen Mann, der das Gebäude jederzeit betreten kann.

Auf einmal klingelt es, und eine Stimme in der Sprechanlange sagt: »Machen Sie mal die Tür auf für den Rehbock.« Diese Aufforderung macht Willemsen in seiner Übermüdung einigermaßen perplex und veranlasst ihn zu der Vermutung, dass er bereits vor Schlafmangel zu fantasieren beginnt. Dennoch drückt er den Türöffner. Da betritt ein Mann das Gebäude und informiert den Nachtwächter Willemsen, dass er gleich wiederkomme. Was er auch tut und schnurstracks an dem verwirrten Herrn Willemsen vorbeispaziert. Allerdings mit einem frisch erlegten Rehbock auf der Schulter. Nachts. In einer Bank.

Obwohl er diese skurrile Szene mit eigenen Augen sieht, zweifelt Willemsen ernsthaft am Wahrheitsgehalt dessen, was ihn seine Wahrnehmung glauben machen will. Kurze Zeit später ist der Mann wieder zurück. Den Rehbock nach wie vor auf der Schulter. Da stellt sich heraus, dass der Mann ein Jäger ist. Der Grund für seinen späten Besuch ist lediglich, dass er das soeben geschossene Wild in der Poststation der Bank wiegen will. Ob nun ein Zusammenhang zwischen dem mysteriösen Mann mit dem Schlüssel und dem ungezwungenen Weidmann besteht, ist auch für Willemsen nach wie vor ein Rätsel. Eines steht jedoch fest: In dieser Bank spielen sich sonderbare Dinge ab, und Roger Willemsen befindet sich mittendrin.

Der schwarze Afghane

Der Orient hat es Roger Willemsen angetan. Eine ganz besondere Perle ist für ihn das sagenumwobene Afghanistan. Als Schirmherr des Afghanischen Frauenvereins setzt er sich mit selbstlosem Engagement für die Rechte der unterdrückten weiblichen Bevölkerung ein.

In Berührung mit dem Land am Hindukusch ist Willemsen bereits lange vor seiner Tätigkeit als Botschafter für Menschenrechte gekommen. Besser gesagt, mit einem seiner absoluten Exportschlager. Gleich vorweg sei gesagt: Es handelt sich nicht um Opium, geschweige denn um Heroin. Doch die Richtung stimmt schon mal. Denn Afghanistan ist nicht nur für seinen großflächigen Mohnanbau bekannt, es gibt noch eine weitere Pflanze, die im afghanischen Klima ganz prächtig gedeiht. Die Rede ist natürlich vom Hanf. Oder *Cannabis sativa*, wie der Biologe sagt. Aus den Blüten der Pflanze gewinnen die Afghanen äußerst potentes Haschisch, das von Kiffern in aller Welt sehr geschätzt wird.

Auch Roger Willemsen gehört als junger Mann dieser Subkultur an. Zehn Jahre lang ist er überzeugter Kiffer und schätzt die psychoaktive Wirkung des Hanfs sein Leben lang. Allerdings schadet langjähriger Cannabiskonsum Studien zufolge dem Gehirn, was Willemsen nur bestätigen kann. Dennoch käme wohl keiner auf die Idee, dem ehemaligem Philosophiestudenten in irgendeiner Weise die Intelligenz abzusprechen. Willemsen selbst formuliert das Dilemma in einem Interview folgendermaßen: Man wisse ja nicht, »was dieses Gehirn könnte, wenn ich nicht kiffen würde«.

Seine Sympathie für die bewusstseinserweiternde Substanz geht so weit, dass er sie in ein neues Fernsehformat einbinden will. Die Idee sieht folgendermaßen aus: Roger Willemsen und sein jeweiliger Gast kiffen die ganze Sendung über ungehemmt und unterhalten sich dabei. Der Zuschauer vor dem Fernseher wird dabei Zeuge, wie sich das Gespräch und der Wesenszustand von Talkmaster und Gast verändern. Nur findet sich kein Sender, der gewillt ist, dieses Format umzusetzen. So blieb es dem deutschen Fernsehpublikum verwehrt mitanzusehen, wie Willemsen zum Beispiel mit Moritz Bleibtreu einen durchzieht. Schade eigentlich.

Roger Willemsen und der »zerebrale Schaden«

Was Willemsen im Schulalltag so beschwerlich scheint, ist an der Universität auf einmal kein Problem mehr. Das liegt wohl daran, dass er sich im liberalen universitären Kontext ganz auf seine Stärken konzentrieren kann und endlich befreit ist von der Last der Naturwissenschaften. So studiert der einstige Tiefflieger eifrig Germanistik, Kunstgeschichte und Philosophie und macht letztlich sogar seinen Doktor. Nach der erfolgreichen Promotion über die Dichtungstheorie von Robert Musil bietet die Ludwig-Maximilians-Universität ihm einen Fünfjahresvertrag an. So wird Willemsen Dozent in München. Die Zukunft scheint fürs Erste gesichert.

Doch es kommt ganz anders. Der Stundenplan des jungen Dozenten ist vollgepackt bis obenhin. Er hält das Maximum von acht Seminaren im Semester. In jedem Seminar sitzen bis zu 200 Studierende, von denen jeder am Ende eine Seminararbeit schreiben muss. Und Willemsen muss sie alle lesen, korrigieren, benoten. Das sind summa summarum etwa »4000 Seiten Seminarkorrektur, was keiner ohne zerebralen Schaden machen kann«. So langsam bekommt er Zweifel an seiner Tätigkeit. Kann er diesen Job wirklich auf Dauer ausüben?

Eines Tages geht Willemsen, »ganz pathetisch sei's gesagt«, durch eine Straße, die er schon seit zweieinhalb Jahren tagtäglich auf dem Weg zur Arbeit entlanggeht, und da, ganz unerwartet, öffnen sich seine Augen. In dieser Straße in München sieht er zum allerersten Mal »eine Fassadenverzierung«, an der er die ganze Zeit über, für seine Umgebung ganz blind, vorbeigegangen ist.

Er ist ganz aufgelöst angesichts dieses Anblicks, kann es kaum fassen, dass er seinen »Lebensraum nicht mehr« wahrnimmt, und beschließt noch im selben Moment, seinen Vertrag bei der Universität zu kündigen.

Ein mutiger Schritt, der ihm Kopfschütteln und Unverständnis seiner Freunde einbringt. Er könne ja wohl kaum davon leben, »unverständliche Texte« zu schreiben, so der Tenor. Doch Willemsen lässt sich nicht von seinem Standpunkt abbringen. Er sieht sich als Schriftsteller, und als solcher will er leben. Auch wenn es nicht sofort klappt mit dem schriftstellerischen Erfolg, verkaufen sich die »unverständliche[n] Texte« am Ende millionenfach, und Roger Willemsen blickt nicht zurück.

Der missglückte Roman

Roger Willemsen wendet sich zwar vom akademischen Leben ab, nicht aber von der Literatur. Auch wenn er seine Habilitation unvollendet verwirft, will er doch weiterhin mit und von der Literatur leben. Eine mutige Entscheidung, der jedoch erst einmal nicht allzu viel Fortune beschieden ist.

Bisher beschränkt sich sein Werk auf ein einziges veröffentlichtes Buch. Doch davon lässt sich Willemsen nicht ins Bockshorn jagen. Er vertraut auf seine Fähigkeiten, und auch sein Verleger schenkt dem jungen Autor das Vertrauen. Als Willemsen ihm von der Idee erzählt, einen Roman zu schreiben, erkundigt sich der Verleger zunächst danach, wo das Buch denn spielen solle. »In Asien«, lautet die prompte Antwort. Da zögert der Verleger nicht lange und bietet seinem aufstrebenden Protegé einen Vorschuss an: Willemsen erhält 10.000 Mark vorab. In der damaligen Zeit eine stolze Summe.

Kurz darauf geht es auch schon nach Asien, wo Roger Willemsen nach Herzenslust reist, den Duft fremder Kulturen schnuppert und fleißig in alle Himmelsrichtungen recherchiert. Für den Reisenden ist es gewiss eine unvergessliche Zeit, nur der Roman will nicht so recht gelingen. »Ich kann den nicht«, resümiert Willemsen im Nachhinein. »Ich staune in das Fragment hinein.« Über diesen fragmentarischen Status wird der Asienroman auch nie hinauskommen, da ist sich der Autor ganz sicher. Dennoch sieht er darin kein Versagen. Im Gegenteil, er ist »mit dem, der das geschrieben hat, im Reinen«.

Das Ganze hat durchaus auch sein Gutes. Auch wenn dieser erste und letzte belletristische Versuch scheitert, so ist Willemsen danach eines umso klarer: Er muss »andere Sachen machen«. Sachen, die sich mehr um »Fragen der Dringlichkeit« bewegen. Und diese Sachen gelingen ihm auch in ganz und gar unnachahmlicher Weise.

Ein Gelehrter im Opiumrausch

Auf einer seiner vielen Reisen durchstreift Roger Willemsen das Goldene Dreieck in Südostasien. In dieser Region, in der sich die Grenzen Thailands, Kambodschas und Burmas berühren, hat er passenderweise ein Erlebnis, das so mancher als Grenzerfahrung beschreiben würde. Willemsen bewegt sich in »einem […] Naturvolkensemble«, wie er es ausdrückt, das ganz legal Opium anbaut und zu kulturellen Zwecken raucht. Kurioserweise leben die Mitglieder dieser Opiumgemeinschaft bedeutend länger als der thailändische Durchschnittsbürger. Möglicherweise ein begrüßenswerter Nebeneffekt des Rauschmittels, aber das nur am Rande.

Das Suchtpotenzial der Droge Opium bleibt Willemsen bei allem Interesse an ihr nicht verborgen. Er wäre vermutlich von ihr abhängig, wenn sie dauernd verfügbar wäre, gesteht er ganz sachlich.

Nichtsdestotrotz will er selbst erfahren, was die Droge im eigenen Körper auslöst. Und so raucht er gemeinsam mit dem einheimischen Medizinmann einige Pfeifchen. Während er, berauscht vom Opium, in einer thailändischen Hütte liegt, erweitert sich seine Sinneswahrnehmung ins schier Unermessliche. Auf einmal ist Willemsen in der Lage, »die Höhe des Himmels zu spüren«. Es ist eine Erfahrung der

Transzendenz, ein einmaliges Erlebnis im Hinblick auf die eigene Intelligenz. Mit einem Mal erinnert sich Willemsen an sämtliche Namen seiner Mitschüler aus der Grundschule. Die unterschiedlichsten Sinneseindrücke kommen aus den Tiefen seiner Erinnerung ans Licht und zaubern ein breites Lächeln auf sein Gesicht. Am beeindruckendsten ist für Willemsen schließlich der Moment, in dem er seine eigene Intelligenz vor sich sieht »wie ein chemisches Modell«. Da wird ihm schlagartig bewusst, dass er nicht von seiner Intelligenz gesteuert wird, sondern von Angst. So verharrt er stundenlang in der Betrachtung seines tiefsten Inneren, bis er letztlich wieder aus seinem Rausch zu sich kommt und in die Normalität zurückgleitet.

Auch wenn es für Willemsen letzten Endes bei diesem einen Mal bleibt, ist es doch eine Erfahrung »für alle Zeiten«. Denn an diesem Tag lernt er, »was der Kopf kann«.

Warum eigentlich Roger?

Es ist kein alltäglicher Name, den die Willemsens ihrem Jüngsten geben. Nun ist der Name an sich nicht so ungewöhnlich wie die doch etwas eigenwillige Aussprache im Falle Willemsen, die mitunter zu dezenter Verwirrung bei seinen Gesprächspartnern führt. Warum ruft man den Mann so, wie man ihn schreibt, und spricht den Namen nicht etwa englisch aus wie bei Roger Moore oder gar französisch mit einem stimmhaften Sch-laut wie bei dem Schweizer Tennisspieler Roger Federer? Entspringt diese Eigentümlichkeit einer Laune seiner Eltern, oder steckt vielleicht doch mehr dahinter?

Willemsen, ganz der Gelehrte, der er ist, weiß natürlich über die Geschichte seiner exotischen Namensgebung Bescheid. So lautet der ursprüngliche Name nicht Roger, sondern Rogier. Willemsen ist nach dem holländischen Maler Rogier van der Weyden benannt. Da Rogier für Willemsen allerdings wie »eine Rachenkrankheit« klingt, bevorzugt er ganz klar die Form Roger, sprich [Ro: gɛ r]. Davon abgesehen, befindet er sich mit seinem Namen in prominenter Gesellschaft. So zählen unter anderem Roger II. von Sizilien, ein wichtiger Mann in der Geschichte der Urkundenfälschung, oder auch Roger Schmidt, der Fußballtrainer von Bayer Leverkusen, zu seinen Namensvettern. Selbst wenn Roger Willemsen ob seines

Vornamens nicht unbedingt in Begeisterung gerät, so sieht er ihn doch als sein Schicksal.

Und die deutsche Aussprache ist ihm letztlich auch lieber als die französische: »Roger [Roː ʒ eː] Willemsen, das wäre schon sehr parfümiert.«

Der Ansager von »Premiere«

Es ist das Jahr 1991. Roger Willemsen arbeitet inzwischen als Moderator beim Privatsender »Premiere«. In seiner Show »0137« interviewt er allerhand Prominente, aber auch ganz unbekannte und dennoch sehr interessante Menschen. Er führt über zweitausend Interviews mit so illustren Interviewpartnern wie König Hussein von Jordanien, Audrey Hepburn oder Edna Everage. Willemsen entpuppt sich als begnadeter, scharfzüngiger Talkmaster. Trotzdem ist ihm die Welt des Fernsehens anfangs noch sehr fremd.

Das geht wohl zurück auf seine Mutter, die den Fernseher als Teufelswerk sieht und ihre Kinder auch in diesem Glauben aufzieht. So kommt Roger Willemsen erst in den Besitz eines eigenen TV-Geräts, als er selbst zum ersten Mal auf dem Bildschirm auftaucht. Er hat schon immer sehen wollen, »wie das aussieht«.

Jahrzehnte ohne Fernseher, und dann sitzt er auf einmal selbst »da drin wie in einem Aquarium«. Sicherlich ein befremdlicher Kontrast.

Als Willemsen seinem Mattscheibe-»Doppelgänger« gegenübersitzt, kommt ihm ein Gedanke. Er beschließt, dem ersten Menschen, der ihn auf der Straße erkennt, eine goldene Uhr zu schenken. Die Wochen verstreichen, und er fürchtet schon, dass er den erhofften Moment niemals erleben wird. Schließlich kommt dann doch ein Mann auf ihn zu und fragt Willemsen – den Moderator der anspruchsvollen Interviewreihe »0137«–, ob er nicht »der Ansager von Premiere« sei. »Der Mann hat heut noch keine goldene Uhr«, schmollt Willemsen, kann sich aber ein Schmunzeln nicht verkneifen.

Willemsen und der Menschenfresser

Es ist sicherlich das umstrittenste Interview seiner Karriere. »Ein ganz heikler Fall«, erinnert sich Willemsen. Sein Gegenüber ist ein hochbegabter Japaner, der während seines Studiums an der Sorbonne in Paris aufgrund von starker Vereinsamung und einer Zwangsvorstellung, von weißen Frauen zu essen, eine Frau erschossen und dann von ihrem Fleisch gegessen hat.

Da muss man erst mal schlucken. Und es stellt sich automatisch die Frage: Warum bringt man den Protagonisten eines solch abscheulichen Verbrechens ins Fernsehen und bietet ihm eine Plattform?

Willemsen hat jedoch durchaus seine Gründe für das kontroverse Gespräch. Es geht ihm um Präzision. Er will nachvollziehen können, was den zwergenhaften Mann »mit Babyfingern« dazu getrieben hat, sich dermaßen monströs zu verhalten. Er möchte verstehen, wie jemand morgens noch seinem ganz normalen Alltag nachgeht und am Abend »zwei der schlimmsten Tabus« überhaupt bricht: Man tötet nicht, und man isst keine Menschen. Mithilfe des Interviews möchte Willemsen ungeachtet aller gesellschaftlichen Konventionen Licht auf die Beweggründe des Kannibalen werfen.

Im Gespräch selbst sieht sich Roger Willemsen dann einem sehr überlegten Menschen gegenüber, der sich über seine schreckliche Handlung im Klaren ist. Willemsen beschreibt den Japaner als »aufrichtig« und »nicht so therapeutisch überformt«.

Das Interview an sich ist letztlich für Roger Willemsen eine sehr erschöpfende Erfahrung. Doch er erreicht sein Ziel, und es gelingt ihm tatsächlich, die Beweggründe des Täters »bis zu einem Ausmaß, das mich erschreckt hat«, nachzuvollziehen. Eine Erfahrung, an der Willemsen noch lange zu knabbern hat und die vierzehn Tage später einen »Heulanfall in einem Hotel« nach sich zieht. Trotz alledem sieht der Moderator das Gespräch als Bereicherung an. Auf ein Wiedersehen mit dem Kannibalen kann er aber getrost verzichten.

Willemsen der Therapeut

Roger Willemsen ist ein bisschen nervös. Er steht kurz davor, einen der größten Stars unserer Zeit zu interviewen. Und er befürchtet, seinem Gast nicht gewachsen zu sein. Für Madonna müsste es ein Leichtes sein, ihn »mit einem Fingerdruck gegen die Wand« zu drücken.

Doch sobald das Interview beginnt, kommt alles ganz anders als erwartet. Schon mit der zweiten Frage bringt Willemsen »die wahrscheinlich berühmteste Frau der Erde« zum Stutzen. Nachdem sie nämlich die sexuelle Befreiung der Menschheit für sich beansprucht, möchte der Moderator von Madonna wissen, welche Botschaft sie denn für Impotente habe. Die große Sängerin ist um eine Antwort verlegen.

Willemsen fährt jedoch unbeirrt fort und führt Madonna mit seinen Fragen immer weiter aufs Glatteis. Ob sie sich für clever halte, für selbstsicher, für gutriechend. Ob sie eine gute Briefeschreiberin sei. Madonna bejaht alle vier Fragen, und Willemsens Falle schnappt zu. Er weiß nämlich von einer früheren Äußerung Madonnas, der zufolge ihr Traummann möglichst mit ebendiesen vier Eigenschaften gesegnet sein soll. So konfrontiert er sie mit der Tatsache, dass sie sich soeben als ideale Partnerin für sich selbst qualifiziert hat, und bringt den Superstar dadurch schon wieder ins Schwitzen.

Kurz darauf geht Madonna zum Gegenangriff über und fragt, warum sie »das Gefühl habe, mit ihrer Therapeutin zu reden«. Willemsen antwortet, dass das daran liegen könne, dass er europäische Fragen stelle. Madonna erwidert: »Ach ja, meine Psychiaterin ist auch aus Argentinien.«

Dazu fällt selbst dem wortgewandten Literaturwissenschaftler nichts mehr ein. Im Nachhinein sieht sich Willemsen den Videomitschnitt wieder und wieder an, weil er nicht glauben kann, dass Madonna diesen Satz wirklich von sich gegeben hat. Aber die Aufnahmen lügen nicht.

Unter dem Strich ist in Willemsens Augen – sowohl für ihn als auch für Madonna – »die Erschaffung des anderen ein Irrtum der Natur«. Nichtsdestotrotz verfällt er sofort in spontane Heiterkeit, wann immer er auf diesen Irrtum angesprochen wird. Dass er Madonna das Gefühl gegeben hat, sich gerade in einer Therapiestunde zu befinden, sieht er als »großes Kompliment«.

Willemsen, Dieter Hildebrandt und die Livesendung

Sechs Jahre stehen Roger Willemsen und Dieter Hildebrandt zusammen auf der Bühne und porträtieren mit ihrem Kabarettprogramm »Ich gebe Ihnen mein Ehrenwort: Die Weltgeschichte der Lüge« den Menschen und seine Fähigkeit, die Realität gekonnt zu verdrehen. Die beiden verstehen sich von Anfang an blendend. Sie sind durch »eine Instinktsicherheit« miteinander verbunden. Oft genügt ein Blick, und beide wissen, worum es geht.

Und so wächst in dieser Zeit eine enge Freundschaft zwischen den beiden großen Denkern, die sie bis zu Hildebrandts Tod verbindet. Ja, der berühmte Satiriker wird sogar zu einer Art Ersatzvater für Willemsen, dessen eigener Vater schon lange verstorben ist.

Die erste persönliche Begegnung mit Dieter Hildebrandt ist dem Literaturwissenschaftler bis heute in bester Erinnerung: Willemsen ist noch Moderator bei »Premiere«, als ein Interview mit Dieter Hildebrandt ansteht. Der Kabarettist verspätet sich, und da es sich um eine Livesendung handelt, ist Willemsen gezwungen, schon einmal ohne seinen Gast anzufangen. Er improvisiert gekonnt und unterhält das Publikum mit einer Geschichte über die englische Königin.

Als Hildebrandt dann endlich eintrifft, ist er die Ruhe selbst und möchte am liebsten erst einmal ein kleines Vorgespräch machen. Sein Gastgeber versucht ihm im Flüsterton unauffällig mitzuteilen, dass die Sendung bereits in vollem Gange ist, doch Willemsens Worte erreichen Dieter Hildebrandt erst mit ein wenig Verzögerung. Dann läuft jedoch alles reibungslos, und die beiden unterhalten sich prächtig. So ist Dieter Hildebrandt – dank seiner Verspätung – für Roger Willemsen »der einzige Mensch«, den er »buchstäblich vor der Kamera« kennengelernt hat.

Willemsen und der Dalai-Lama

Roger Willemsen ist bei einer Klosterweihe in Indien und steht kurz vor seinem ersten Interview mit dem Dalai-Lama. Weitere Gespräche mit dem buddhistischen Meister sollen in späteren Jahren folgen, und jedes Einzelne davon ist für Willemsen unvergesslich.

Als Willemsen im Kloster auf seine Audienz wartet, sieht ihm ein alter Einheimischer die Anspannung an und sagt: »Sie sehen nervös aus.« Das ist er auch. Schließlich ist er im Begriff, Seiner Heiligkeit zu begegnen. Der Alte aber beruhigt Willemsen. Es gebe keinen Grund, sich Sorgen zu machen. Der Dalai-Lama bemühe sich immer darum, dass es den Menschen nach der Begegnung besser gehe als vorher. Und genauso ist es auch bei Roger Willemsen.

Als er ihm dann endlich gegenübersitzt, fallen Willemsen zuerst »vier sehr große Impfnarben« auf. Doch während des Gesprächs mit dem weisen Buddhisten verlieren alle Äußerlichkeiten schnell an Bedeutung, und jegliche Anspannung fällt von Willemsen ab. Er darf Seine Heiligkeit alles Mögliche fragen, selbst die »deppertsten Sachen«. Egal, ob es um Sex, Richard Gere oder darum geht, ob der Dalai-Lama auch als Frau wiedergeboren werden könne – der selig lächelnde Buddhist bleibt Willemsen keine Antwort schuldig. Das Interview dauert eine ganze Stunde, und der Dalai-Lama scheint es sichtlich zu genießen. Insbesondere als Roger Willemsen ihm die Frage stellt, ob er denn schon einmal »einen Schatten vom Nirwana gesehen« habe, bricht der Mönch in schallendes Gelächter aus. »Aber wo denken Sie hin?«, fragt er Willemsen – immer noch lachend. Er meditiere schließlich nur sechs Stunden am Tag. Selbst Buddha, der zu seiner Zeit 15 Stunden täglich meditierte, habe lediglich eine leise Ahnung davon gehabt, wie das Nirwana aussehe.

Willemsen, Michel Petrucciani und das NYPD

Als Roger Willemsen zum ersten Mal den Jazzpianisten Michel Petrucciani auf einer Platte hört, ahnt er noch nicht, dass dies der Auftakt zu einer wunderbaren Freundschaft ist. Er kennt den Musiker nicht und ist überrascht über seine geringe Körpergröße. Petrucciani leidet an der Glasknochenkrankheit und ist nicht viel größer als einen Meter. Doch auf der Bühne ist er ein Virtuose und brilliert am Flügel auf unvergleichliche Weise.

Willemsen sucht gerade für seine Sendung beim ZDF einen Jazzpianisten, und sofort ist klar: Der soll es sein. Also ruft Willemsen Petrucciani »auf sehr verschlungenen Wegen« an, und Petrucciani lädt ihn kurzerhand zu seinem bevorstehenden Konzert in der Londoner Festival Hall ein. Hinter der Bühne trifft Willemsen dann einen völlig verschwitzten Michel Petrucciani und erzählt ihm von seiner Sendung und der Idee, ihn als Pianisten zu engagieren. Zu Willemsens Erstaunen sagt der französische Musiker sofort zu.

Willemsen hat zunächst Zweifel, ob sein Gegenüber es auch wirklich ernst meint, doch Petrucciani hält

Wort, erscheint zur Probe und begleitet den deutschen Moderator von da an in seiner Sendung.

Einige Zeit später drehen die beiden – sie sind inzwischen dicke Freunde – den Dokumentarfilm »Non Stop – Eine Reise mit Michel Petrucciani«. Bei den Dreharbeiten für das große Finale kommt es zu einem spektakulären Zwischenfall. Petrucciani sitzt auf dem Dach eines Wolkenkratzers an einem Steinway Flügel und spielt den Titel »Looking Up«. Dabei richtet er den Blick in den Himmel, wo Willemsen mitsamt Kamerateam im Hubschrauber sitzt und die Szene filmt. Doch die ambitionierten Filmemacher rechnen nicht mit der Besorgnis der Nachbarn. Sage und schreibe »60 Anrufe« gehen wegen des Helikopterflugs bei der New Yorker Polizei ein. Alle mit der Meldung, da müssten Terroristen auf dem Dach des Wolkenkratzers sein.

Da zögert das NYPD natürlich nicht lange und schickt eine Einsatztruppe los, die das Gebäude stürmt und mit gezückten Waffen den nichts ahnenden Petrucciani an seinem Flügel umzingelt. Doch das Missverständnis klärt sich zum Glück schnell auf. Die Polizisten kaufen dem kleinen Mann seine Geschichte von den Dreharbeiten ab. Zum Schluss gibt Petrucciani dann allen Autogramme, und der Tag nimmt ein glückliches Ende.

Willemsen zu Gast bei Berti Vogts

Europameisterschaft 1996. Deutschland gewinnt im Wembleystadion dank Oliver Bierhoffs Golden Goal und holt sich den lang ersehnten Titel. Und Roger Willemsen ist mittendrin. Auf Einladung von Bundestrainer Berti Vogts sitzt er neben dessen Frau Monika und Sohn Justin im Stadion und fiebert mit. Viele mögen das für inkompatibel halten. Ein Intellektueller und gleichzeitig Fußballfan? Ein Doktor der Literaturwissenschaft, der sich für den Sport der breiten Masse begeistert? Aber Roger Willemsen überrascht mal wieder alle und zeigt: Das geht sehr wohl. Er kann sowohl über Robert Musil ins Schwärmen geraten als auch die aufgeheizte Stadionatmosphäre eines EM-Finales genießen. Ein »großes Erlebnis«, an das er sich noch lange gerne zurückerinnert.

Nach dem Spiel und der Pokalverleihung geht es dann gemeinsam mit der Mannschaft ins Hotel, wo die ganze Nacht gefeiert wird. Jürgen Klinsmann und Matthias Sammer entpuppen sich auf der Party als echte Schlagerfans, und Klinsi lässt Nicole auf Repeat laufen. Die anderen Spieler rufen dabei ständig dazwischen: »Komm, Jürgen, mach noch mal die Kassette an.«

Willemsen sieht während der Meisterfeier immer wieder mal nach dem schlafenden Justin Vogts, der ein Stockwerk höher im Bett liegt. Bei einer dieser Runden durch die Suite wird er unvermittelt aufgehalten. Der Bereich, in dem er sich gerade aufhalte, sei nicht für Journalisten, heißt es da.

Doch Berti Vogts schreitet umgehend ein und beruhigt die Situation. Er stellt sich zu seinem Gast und sagt, dass Roger Willemsen nicht als Journalist da sei, sondern als sein Freund.

Eine Geste, die ihm Roger Willemsen hoch anrechnet.

Roger Willemsen der Bahnfahrer

Kaum zu glauben: Roger Willemsen, der Kosmopolit, der ständig unterwegs ist und von einem Land ins nächste reist, hat tatsächlich keinen Führerschein. Und auch kein Handy. So mancher Zeitgenosse behauptet deshalb gerne, Willemsen lebe in der Steinzeit. Diese Menschen leben für ihn »so weit in der Zukunft«, dass sie am Ende wohl auch noch recht haben. Man könnte daher vermuten, dass Roger Willemsen durch eine gewaltige zeitliche Kluft von vielen seiner Mitmenschen getrennt lebt. Das scheint ihn nicht weiter zu stören und entspricht, ganz nebenbei gesagt, auch nicht der Wahrheit. Schließlich stellt er mit seinen messerscharfen Beobachtungen und seiner Kritik an der heutigen Gesellschaft immer wieder unter Beweis, dass er sich ständig auf der Höhe unserer Zeit bewegt. Da sind Handy und Führerschein nun wirklich kein geltender Maßstab. Zumindest nicht für Roger Willemsen.

Er nimmt sich einfach ein Taxi, statt mit dem eigenen Auto die Welt zu erkunden. »Und es ist immer noch billiger«, behauptet er und zitiert sogleich eine Studie des ADAC.

Dieser Studie zufolge kostet ein Mittelklassewagen monatlich um die 500 Euro. So viel Geld gibt Willemsen nie und nimmer fürs Taxifahren aus. Für längere Strecken nimmt er die Bahn oder fliegt. Die kürzeren Distanzen legt er leidenschaftlich gerne mit »äußerst munteren Taxifahrern« zurück, die »zum Teil [...] im nächsten Monat im afghanischen Parlament sitzen werden«. Diese Fahrten sind für ihn immer wieder ein Hochgenuss. Nicht zuletzt, weil er sich von seinen geselligen Chauffeuren die Welt erklären lässt. So bleibt er immer top informiert und lernt einiges, was ihm im eigenen PKW womöglich verborgen geblieben wäre.

Willemsen sind die Schuhe zu klein

Bittet man Roger Willemsen darum, sich selbst zu beschreiben, so kommt er recht schnell auf seine Verschrobenheit zu sprechen. Diese resultiere wohl daraus, dass er schon so »lange unbeweibt« lebe.

Ausgestattet mit diesen Eigenheiten, geht Willemsen eines Tages in ein Schuhgeschäft. Dort probiert er ein Paar Schuhe an und wird von einer sehr zuvorkommenden Verkäuferin beraten. Die Schuhe passen wie angegossen, Willemsen kauft sie.

Zu Hause angekommen, schlüpft er ein weiteres Mal in das soeben erstandene Schuhwerk – und siehe da: Auf einmal passen die Schuhe nicht mehr! Willemsen kann sich dieses Rätsel beim besten Willen nicht erklären. Daher geht er schnurstracks zurück in den Laden, wo er der netten Verkäuferin umgehend sein Dilemma präsentiert. »Was ist mit den Schuhen?«, möchte Willemsen wissen. »Warum passen die nicht mehr?«

Da greift die kundige Dame kurzerhand in den Schuhkarton, nimmt das Seidenpapier aus den Schuhen – und wer hätte es gedacht? Jetzt passen die Schuhe dem ratlosen Kunden auf geradezu mirakulöse Weise wieder. In diesem Moment geht Willemsen ein Licht auf, und er spricht in innerem Monolog zu sich selbst: »Jetzt bist du schon langsam wunderlich geworden.«

Doch mit der kleinen Peinlichkeit befindet er sich in bester Gesellschaft. Seinem guten Freund und Bühnenpartner Dieter Hildebrandt gefällt die Geschichte sehr, denn genau dasselbe »ist [...] [ihm] schon dreimal passiert«.

Es gibt also wirklich keinen Grund, sich Sorgen zu machen.

Willemsen und die handgemachten Pferdelederschuhe

Als kleiner Junge kommt er zum ersten Mal mit ihnen in Berührung, denn sein Friseur, übrigens »ein munterer Alkoholiker [...], in dessen Gegenwart man kein Streichholz« anzündet, trägt immer Alden-Schuhe. Handgemacht und aus Pferdeleder, sind sie für Willemsen »der Inbegriff der Erwachsenenwelt«. Dass der dauerbetrunkene Friseur keine Ahnung hat, was Willemsen meint, wenn er sagt, er hätte gerne »den üblichen Fassonschnitt«, und einfach munter drauflosschnippelt, ja ihn regelrecht entstellt, tut dem keinen Abbruch. Denn immer wenn es darangeht, dem jungen Roger den Nacken auszuscheren, muss er sich vorbeugen und sieht nur noch »das Edelste an diesem Friseur«, nämlich seine schicken Schuhe. Dieser Anblick bleibt ihm derart im Gedächtnis, dass er auch heute noch mit Vorliebe Aldens trägt.

Viele Jahre später ist Willemsen zu Gast bei der Witwe seines verstorbenen Freundes Volker Kriegel. Der Musiker war zu Lebzeiten ein großer Fan der handgemachten Lederschuhe und hat eine regelrechte Sammlung zu Hause.

Da Willemsen schon einmal da ist, fragt ihn die Witwe Kriegel nach seiner Schuhgröße – und siehe da:

Genau wie sein verstorbener Freund trägt Willemsen »meistens 46«. Da macht die Witwe kurzerhand »die Schränke auf«, und es kommen 50 Paar nagelneue englische und amerikanische Aldens zum Vorschein.

Seitdem ist Roger Willemsen von der lästigen Pflicht des Schuhekaufens erlöst. Denn nun kann er bis zu seinem Lebensende »in Volker Kriegels Schuhen herumlaufen«.

Roger Willemsen: ein Sünder im Kloster

Eines Tages beschließt Roger Willemsen, eine Zeit lang in einem italienischen Kloster zu leben. Ehe er jedoch seine Kammer beziehen darf, muss er sich »einer Gesinnungsprüfung« unterziehen, denn die Glaubensbrüder nehmen nur wenige Weltliche auf. Der Mönch, der ihm diese Prüfung abnimmt, ist »dreimal so dick« und »halb so groß« wie Willemsen, weshalb er »als Konfektion nur Kutte tragen« kann.

Nach bestandener Aufnahmeprüfung ist es dem Weltlichen gestattet, »in clausura« im Kloster zu wohnen, das er als »eine Art Paralleluniversum« beschreibt. Während er durch Olivenhaine und Kreuzgänge schreitet, lernt er die im Laufe der Jahre »sehr merkwürdig gewordenen Mönche [...]« immer besser kennen.

Da gibt es zum Beispiel den einen Geistlichen, der sich im ständigen Zwiegespräch mit dem Fernseher befindet. Ein anderer holt den weltlichen Gast von Zeit zu Zeit auf sein Zimmer, um ihm die Beipackzettel seiner Medikamente auf Latein vorzulesen. Der Kurioseste von allen ist aber ohne Zweifel ein dritter, inzwischen sehr alter Mönch. Dieser dritte Mönch lebt seit seinem 21. Lebensjahr innerhalb der weltfernen Klostermauern. Aufgrund der allmählich einsetzenden Gebrechlichkeit wartet dieser Mönch »in einem Wolltrikot immer in seinem Bett« auf Willemsen. Mit der Zeit findet Willemsen heraus, dass der alte Klosterbruder eine Schwäche für Bilder von Transvestiten hat. Um ihm eine Freude zu machen, schneidet er also aus verschiedenen Zeitungen Fotos von ebensolchen Transvestiten aus und klebt sie auf ein paar Heiligenbilder, die er anschließend dem alten Mönch schenkt. Dankbar nimmt der Geistliche Willemsens kleine Aufmerksamkeit entgegen und verwahrt die Bildchen von da an in seinem Gesangsbuch.

Ob sich Roger Willemsen durch diese kreative Tat der Blasphemie schuldig macht, soll an dieser Stelle einmal unbeantwortet bleiben. In jedem Fall – und das wiegt wohl weit schwerer – macht er damit einem alten Mann eine Freude.

Die brennende Unterhose

Roger Willemsen ist zu Gast bei seiner guten Freundin Charlotte Roche. Außer den beiden tummeln sich anlässlich einer neuen Showidee der Gastgeberin auch noch Kim Fisher, Sängerin Mieze und Rapper Ferris MC im Wohnzimmer der Moderatorin. Das Programm des Abends und gleichzeitig der Titel des neuen Formats: Wahrheit oder Pflicht! Ganz wie in Jugendtagen.

Bei Bier, Sekt und der einen oder anderen Spirituose geht es dann schnell ans Eingemachte. Willemsens erste Pflicht ist es, ganz so wie es ihm als dem Intellektuellen in der Runde gebührt, seinen nackten Fuß in die Toilette zu stecken und die Spülung zu betätigen. Ohne mit der Wimper zu zucken, erfüllt der Schriftsteller seine Aufgabe und erntet dafür lauten Applaus. So geht es reihum, und die Anwesenden müssen sich mehr oder minder verrückten Herausforderungen stellen und peinliche Fragen beantworten. In Willemsens Fall richtet sich diese Frage nach seinem Erfahrungsschatz in Hinblick auf Analverkehr.

Die Regeln des Spiels verpflichten ihn dazu, die Frage wahrheitsgemäß zu beantworten, was er auch ohne weitere Umschweife tut. Der begnadete Geschichtenerzähler wird zwar ständig durch allerlei

Zwischenfragen unterbrochen, das hält ihn jedoch nicht davon ab, die Runde mit ausführlichen und blumigen Details zu verblüffen.

Das Ganze spielt sich Jahre zuvor in seinem winzigen Münchner WG-Zimmer auf einer Rosshaarmatratze ab. Willemsen und seine Angebetete geben sich dort schon seit geraumer Zeit den körperlichen Freuden hin. Die Frau hat »einen majestätischen Arsch«, so Willemsen, und dieser avanciert nun gewissermaßen zum amourösen Dreh- und Angelpunkt der Geschichte. Im Kerzenschein geben sich die beiden Liebenden ungehemmt einander hin. Der Akt wird »immer aufregender und aufregender«, er nähert sich immer mehr dem Höhepunkt, da geschieht es: Die brennende Kerze fällt um. Willemsen sieht, dass sie fällt, doch die Leidenschaft lodert in diesem Moment zu sehr, und er ist außerstande, sich um diese Nebensächlichkeit zu kümmern. Dummerweise setzt die Kerze Willemsens Kredenz – ein altes Möbelstück aus Familienbesitz – in Brand und stellt ihn damit vor eine dramatische Wahl: Setzt er den Koitus fort, oder rettet er das Erbstück? Willemsen wählt den Koitus, und von der Kredenz bleiben nur schwelende Überreste.

Nach dieser tief schürfenden Geschichte scheint es umso passender, dass Willemsen als letzte Aufgabe an diesem zügellosen Abend seine Unterhose auf der Straße verbrennt.

Letzten Endes geht Charlotte Roches neues Format übrigens genauso in Rauch auf wie Willemsens Unterwäsche, denn die Show wird nie im Fernsehen ausgestrahlt.

Der Philosoph und die Mutter Gottes

Das Rotlichtmilieu übt mit all seinen Verlockungen und Abscheulichkeiten bekanntermaßen einen starken Reiz auf die Menschheit aus. Vor allem auf den männlichen Teil. Sicher spielt dabei unsere Triebhaftigkeit eine Rolle, doch möglicherweise ist es auch der unwiderstehliche Reiz des Verbotenen, der das älteste Gewerbe der Welt seit Menschengedenken florieren lässt. Willemsen drückt es poetisch aus und gibt dem Faszinosum Halbwelt die eloquente Bezeichnung: »Ein Ort mit großem Wallungswert.« Und auch er selbst kann sich dieser Mischung aus »Wallungswert« und »Sünde« nicht vollständig entziehen, und so besucht er – wenn auch mehr aus journalistischer Motivation als aus sexueller Begierde – Bordelle in aller Herren Länder.

Bei einem dieser Puffbesuche kommt es zu einer besonders pikanten Situation, der Roger Willemsen nur mit göttlicher Hilfe entrinnen kann. »Vollkommen betrunken« sitzt er in einer Hostessbar in Tokio. Wie es in diesen Etablissements so üblich ist, defilieren die Damen zur Begutachtung an ihm vorbei, auf dass er sich die passende Gespielin heraussuche. Der Freier darf sich bei diesem Prozedere zehn Minuten pro Mädchen Zeit nehmen, wobei eine Betastung nicht nur erlaubt, sondern sogar erwünscht ist.

Es gibt dabei nur ein Problem: Auch wenn Willemsen ein leidenschaftlicher Liebhaber des schönen Geschlechts ist, passt es nicht in sein Weltbild, eine Frau wie eine Ware, ja wie ein Stück Fleisch zu behandeln. Und so versucht er, sich vor der Betastung zu drücken. Das Ganze geht so weit, dass Willemsen in seinem alkoholisierten Zustand einen Fluchtversuch unternimmt, der allerdings vom Personal der Bar im Keim erstickt wird. Die Lage spitzt sich zu, und es sieht ganz so aus, als würde sich das Ritual der Betastung nicht vermeiden lassen.

Doch dem Himmel sei Dank! Ihm fällt urplötzlich ein, wie er seinen Kopf noch einmal aus der Schlinge ziehen kann. Willemsen hat nämlich noch ein Madonnenbildnis von einem vorherigen Kirchenbesuch in der Tasche. Von spontaner Hoffnung beseelt, zückt er das Bild der Jungfrau Maria und ruft: »I have a girlfriend!« (»Ich habe eine Freundin!« Anm. d. Autors)

Dieses quasi göttliche Ass im Ärmel überzeugt die bemühten Hostessen, und so kommt Roger Willemsen dank der Mutter Gottes um die unsägliche Betastung herum.

Willemsen auf dem Klo der Taliban

Seit den Terroranschlägen vom 11. September 2001 in New York hat die Welt ein neues Feindbild. Politiker sprechen von der »Achse des Bösen«. Al-Qaida-Anführer Osama Bin Laden wird zum meistgesuchten Mann des Planeten. Die USA befinden sich im »Krieg gegen den Terror«.

Roger Willemsen beschließt, auch der anderen Seite Gehör zu verleihen. Er »will Kenntnis nehmen«, wer diese neuen Feinde, namentlich die Taliban, sind. Und so macht er sich auf den Weg nach Afghanistan, wo er dank seiner Kontakte zu den Einheimischen über viele Umwege die Gelegenheit erhält, einen ehemaligen Guantánamo-Häftling zu interviewen.

Das Treffen findet in einem Compound in Kabul statt. Willemsens Gesprächspartner ist nicht irgendwer, sondern Abdul Salam Zaeef – ein hochrangiger Taliban, der in Guantánamo Sprecher der Häftlinge war. Schwer gezeichnet von seiner Zeit in dem Gefangenenlager, sitzt er dem Deutschen gegenüber. »Er hat kaum noch Händedruck, er friert«, so Willemsen.

Nach einigen Stunden Interview verspürt der Journalist Bewegung in der Verdauungsgegend. Er muss aufs Klo. Sofort kommt ein kleiner Junge und führt den Gast durch die Festungsmauern bis zur Toilette. Auf dem Weg dorthin erhascht Willemsen einen Blick auf eine Gruppe bärtiger Männer. Sie sitzen in einem Kreis, allesamt mit Revolvern und Kalaschnikows bewaffnet. Da wird ihm schlagartig bewusst, dass er sich im Hauptquartier der Taliban befindet. Und wie so oft auf seinen Reisen durch Afghanistan bekommt Willemsen es mit der Angst zu tun.

Auf der Toilette angekommen, schließt er die Tür, lässt seine Hose herunter und setzt sich auf die Schüssel. Sein Gedanke: Es sei besser, er ginge noch mal aufs Klo, bevor er ablebe.

Da donnert es unvermittelt an der Tür. Willemsen sieht sein Ende nahen. Schicksalsergeben zieht er seine Hose wieder hoch und öffnet die Türe. Doch zu seiner unendlichen Erleichterung will ihn niemand umbringen. Es steht lediglich ein Kämpfer vor der Tür und reicht dem verängstigten Gast eine Rolle Klopapier. So kommt Roger Willemsen noch einmal mit dem Schrecken davon, und sein Leben endet doch nicht an einem so traurigen Ort wie der Taliban-Toilette.

Willemsen und die afghanischen Kinder

Wenn Roger Willemsen über die Kinder Afghanistans spricht, ist seine Stimme voller Wärme. Der Autor erzählt von »Witwen und Greisen« im Kindesalter ebenso wie von Rabauken und Spaßkanonen. Eine innige Verbindung: Willemsen nimmt sichtlich Anteil an den Schicksalen der Kinder, die er liebevoll als »angewelkte Knospen« bezeichnet.

Unvergesslich ist für ihn ein kleiner Junge, der, strotzend vor Selbstbewusstsein, auf ihn zukommt und fragt, was er denn in Afghanistan mache. Willemsen antwortet, er mache nichts. Er sei lediglich zu Besuch. Da dreht sich der Junge zu seinem Freund um und sagt: »Look! First Tourist.« (»Schau! Der erste Tourist.« Anm. d. Autors.)

Doch Willemsen ist nicht nur passiver Zuschauer. Er setzt sich auch äußerst engagiert ein. In Zusammenarbeit mit amnesty international baut er Schulen und andere öffentliche Einrichtungen. Im Zuge dieser Arbeit bringt er nach der Aufhebung des talibanschen Bilderverbots einige der Kinder dazu, mit Buntstiften zum ersten Mal in ihrem Leben Bilder zu malen. Dabei wird sofort sichtbar, wie stark der jahrzehntelange Krieg die jungen Afghanen geprägt hat. So findet man in ihren Zeichnungen weinende Gesichter, verstümmelte Menschen mit abgetrennten Gliedmaßen und zerbombte Häuser. Doch es gibt auch friedliche Bilder, etwa vom Picknick mit der Familie. Bei all diesen Zeichnungen fällt Willemsen auf, wie genau die Kinder das afghanische Leben beobachten. Sie erkennen sowohl die Schrecken des Krieges als auch die Missstände der eigenen Gesellschaft. So malen sie zum Beispiel Minen und Kampfflugzeuge, aber auch einen Opium rauchenden Onkel.

Was auch immer die Kinder malen: Für sie ist es eine Erleichterung, ein Werk zu erschaffen und sagen zu können: »So war das, was ich empfunden habe.«

Willemsen und die verbale Kanonade

Es kommt nicht allzu oft vor, dass sich die radikale Seite Roger Willemsens offenbart. Doch manche Menschen entfachen ein Feuer in ihm, das man dem sympathischen Mann mit dem jungenhaften Charme gar nicht zutrauen würde. Einer dieser Menschen ist »Germanys Next Top Model«-Diva Heidi Klum – oder »Heidi Nazionale«, wie Willemsen sie nennt.

In einem Kommentar für die *taz* schreibt er über die wabernde Leere ihres Kopfes und schließt seine Kritik gegen die schöne Heidi mit den Worten: Man würde gerne, »wie der Dichter sagt, sechs Sorten Scheiße aus ihr herausprügeln« – was aber leider frauenfeindlich sei.

Willemsen hat durchaus nachvollziehbare Gründe für seine Verbalattacke. Für ihn kommt das Verhalten von Frau Klum »einer Schändung« seines Frauenbildes gleich und ist obendrein auch noch eine »Verletzung des Begriffs Persönlichkeit«.

Dessen ungeachtet ruft eine solche Attacke natürlich unweigerlich einen Gegenangriff auf den Plan, und schon kurze Zeit später schießt Heidi Klum zurück. Ihren Anschuldigungen entnimmt Willemsen sogleich, dass sie der komplizierten Satzstruktur seines Angriffs nicht gewachsen ist. Heidi Klum behauptet nämlich, Willemsen würde dazu auffordern, schwangere Frauen zu schlagen. So ist das eben manchmal: Jeder hört das, was er, oder in diesem Fall sie, hören möchte.

Dass Willemsen mit seiner Kritik eigentlich »das genaue Gegenteil« von dem postuliert, was bei Heidi Klum ankommt, ist dem Kämpfer für Frauenrechte wichtig. Deshalb steht er zu seiner Kritik und erzählt, er würde jederzeit wieder so handeln.

Während der Schlagabtausch noch in der deutschen Medienlandschaft breitgetreten wird, sitzt Roger Willemsen in einem Flugzeug nach Hamburg und ahnt bereits den heraufziehenden Shitstorm. Da kommt nach der Landung ganz überraschend der Pilot auf ihn zu und dankt ihm im Namen seiner gesamten Crew für die beherzte Kritik an Deutschlands Topmodel Nummer 1. Und auch einige der Passagiere schließen sich an.

Spätestens in diesem Moment weiß Roger Willemsen: Er steht in dieser Sache nicht allein da mit seiner Meinung. Offenbar gibt es doch noch Menschen, die Heidi Klum genauso kritisch betrachten wie er.

Literatur und Rotwein

Die beiden passen gut zusammen: Sowohl der Wein als auch die Literatur sind in der Welt der schönen Künste äußerst beliebt, und beiden sagt man nach, sie würden ein Stückchen Wahrheit enthalten. Kein Wunder also, dass auch Roger Willemsen dieses distinguierte Duett durchaus zu schätzen weiß.

Um Literatur und Rotwein dreht sich auch eine Begebenheit, zu der es auf der Frankfurter Buchmesse kommt. »Ein sehr freundlicher Herr« tritt auf einmal an Willemsen heran und schenkt ihm ein Fläschchen Rotwein – einen »Benz«. Willemsen bedankt sich, muss aber gleich weiter zu einem Interview mit der FAZ. Daher steckt er das Fläschchen kurzerhand »wie ein Einstecktuch« in seine Sakkotasche, und so entsteht ein origineller Schnappschuss fürs Archiv.

In den darauffolgenden Jahren kommt derselbe Mann immer wieder »auf verschlungenen Wegen, wie aus Katakomben«, auf den Schriftsteller zu und überreicht ihm erneut ein kleines Fläschchen. Als die beiden sich schließlich zum vierten Mal auf der Buchmesse begegnen, verspricht Willemsen seinem Wohltäter, in dessen Heimatort eine Lesung zu veranstalten, wenn dieser ihn tatsächlich ein fünftes Mal beschenken sollte.

Wie es der Zufall will, ist Willemsen just bei der folgenden Buchmesse nicht vor Ort, und sein Gönner muss den schönen Rotwein wieder mit nach Hause nehmen. Allerdings gibt er nicht auf, und schließlich erreicht der Wein seinen Empfänger doch noch, wenn auch über einige Umwege: In einem Interview überreicht SWR1-Moderator Stefan Siller dem verblüfften Roger Willemsen das fünfte Fläschchen. Gleichzeitig enthüllt Siller die Identität des edlen Spenders. Es handelt sich um Volker Weidhaas, ein Mitglied des Kunstvereins Tauberbischofsheim. Willemsen freut sich riesig über das Geschenk und nimmt es mit den Worten »gepriesen sei er« entgegen. Im Anschluss gelobt er, sein Wort zu halten und zu einer Lesung nach Tauberbischofsheim zu kommen. Herrn Weidhaas Mühe wird damit belohnt, und auch Willemsen geht nicht leer aus. Voller Vorfreude gesteht er zum Schluss ganz genießerisch: »Und ich sauf den auch.«

Am Ende der Kurve

Seit seiner ersten längeren Reise ist Roger Willemsen der Faszination der Fremde für immer erlegen. Die Ferne ruft förmlich nach ihm, zieht ihn magisch an wie die Sirenen einst Odysseus. Und genau wie die Irrfahrt des alten Griechen sind auch Willemsens Reisen oft Grenzerfahrungen. Er fährt ja nicht zum Vergnügen in den Urlaub wie etliche Rucksacktouristen. Nein, Willemsen ist immer auf der Suche, stets mit Stift und Notizbuch bewaffnet, und mitunter kämpft er sich durch sehr unwirtliche, bisweilen lebensgefährliche Gegenden.

So sagt er selbst über das Reisen: »Es macht unter anderem glücklich.« Doch das ist nicht alles. Es gefährde einen Menschen auch, mache ihn fassungslos und ohnmächtig. »Es verweist einen in die Schranken«, so Willemsen.

Letzteres widerfährt ihm auf einer Reise durch den Himalaja. Offen und redselig, wie Willemsen ist, kommt er mit einer alten Frau ins Gespräch. Sie lebt schon sehr lange in der Gegend und betreibt eine Suppenküche. Als die beiden auf eine Straßenkurve blicken, erkundigt sich Willemsen, was hinter der Kurve liege. Die Frau kann ihm die Frage nicht beantworten. In einem Traum wurde ihr nämlich einst offenbart, dass ihr ein schreckliches Unglück zustoßen werde, sollte sie dieser Kurve jemals bis zum Ende folgen. Deshalb hat sie sich ihr ganzes Leben von ihr ferngehalten.

Damit konfrontiert, spürt Willemsen den Geist der Aufklärung in sich erwachen. Er beschließt, der Frau »diesen Aberglauben« auszutreiben und mit ihr das andere Ende der unheilvollen Kurve zu erkunden. Es dauert eine Weile, bis Willemsen die alte Frau überzeugt hat. Schließlich nähern sich die beiden »Hand in Hand« der Kurve. Sie kommen dem Geheimnis immer näher, ja können schon fast um die Kurve herumsehen, da löst die Frau ihre Hand von Willemsens und erklärt ihn für verrückt. Ob er wirklich geglaubt habe, dass sie mit ihm komme, nur weil er – obendrein auch noch ein Weißer aus dem Westen – ihr gut zurede, fragt sie und schüttelt sich vor Lachen.

Auch wenn sein Aufklärergeist an der alten Frau scheitert, so kann Willemsen doch immerhin einen kleinen Erfolg verbuchen: Die abergläubische Dame wird nie herausfinden, wie es jenseits der Kurve aussieht. Willemsen schon.

Willemsen auf Dantes Spuren

Ganz wie der große italienische Dichter Dante gelangt auch Roger Willemsen auf der langen Reise seines Lebens an einem bestimmten Punkt ins Paradies. Im Gegensatz zu seinem Kollegen hält sich der deutsche Poet allerdings nicht im Jenseits auf. Er muss auch nicht durch die sieben Kreise der Hölle wandern und den Läuterungsberg des Fegefeuers überqueren, ehe er den Himmel zu Gesicht bekommt. Nein, so kompliziert ist es im Falle Willemsen nicht.

Auch wenn die Reise ins Paradies von Deutschland aus sehr lang ist, erreicht man es doch ganz bequem mit dem Flugzeug. Es handelt sich um die kleine Insel Eua, die zum polynesischen Königreich Tonga gehört. Anders als Dantes Paradiso ist die Insel aber nicht von Gott und diversen Heiligen bevölkert. Stattdessen tummeln sich dort ganzkörpertätowierte, schwergewichtige Männer und Frauen, die sich »nach allen Formen des Kamasutra« lieben. Grundstücksgrenzen kennen sie genauso wenig wie Weidezäune. »Die schwarzen Schweine« rennen frei umher, die Mangos fallen reif von den Bäumen und warten nur darauf, verzehrt zu werden. Selbst das liebe Geld berührt die Einheimischen nur wenig. Sie brauchen es lediglich für Schulbücher und Strom. Alles andere gibt ihnen die Insel.

Der paradiesische Ort gibt Willemsen das Gefühl: »Hier ist alles bei sich. Es ist alles gut.«

Croissants gibt es dort zwar keine, so Willemsen, aber das macht Eua durch seine Harmonie und Friedfertigkeit locker wett. Auf der Insel zu leben kann sich der Deutsche aber dennoch nicht vorstellen. Auch wenn es viele schöne Orte auf der Welt gibt, fällt es ihm leicht, die Verbundenheit zu seinem Heimatland zu erklären. »So pathetisch das klingt«, so Willemsen. »Aber ich bewohne ja letztlich die deutsche Sprache.«

Ein Orang-Utan namens Roger

Auf einer seltsamen Straße mitten im Dschungel Borneos kommt es zu einem seltsamen Aufeinandertreffen. Die Straße ist deshalb seltsam, weil sie eigentlich nirgendwohin führt. Einst von den Russen erbaut, ist sie 30 Kilometer lang und führt inmitten eines Netzes aus Wasserstraßen von einem Punkt im Urwald zu einem anderen. »Wir verstehen den Russen ohnehin nur unvollkommen«, so Willemsens trockene Analyse.

Auf dieser Straße begegnet der Reiseautor einigen Einheimischen, die ihm einen kleinen Orang-Utan anvertrauen. Das arme Tier hat nicht nur »schütteres Haar« und ist obendrein auch noch »sehr melancholisch«, der Ärmste ist auch noch an der Krätze erkrankt. Letzteres trägt insbesondere zu Willemsens Verdruss bei, da sich permanent »eine ADAC-farbene Flüssigkeit« aus dem Rektum des Affen absondert. Nichtsdestotrotz nimmt sich Willemsen des Kleinen an, und es dauert nicht lange, bis er selbst an ähnlichen Symptomen leidet. Des rektalen Sekrets ungeachtet bleiben Willemsen und der Orang-Utan für längere Zeit Reisegefährten. In einem Einbaum paddeln die beiden durch entlegenste Gebiete. Für die meisten Einheimischen ist Willemsens weiße Haut fremd. Nicht wenige halten ihn sogar für einen Gott, und manche kippen bei seinem Anblick vor

Erstaunen ins Wasser. »Man kann Religionsstifter werden«, beurteilt Willemsen die Situation.

Doch dafür hat er keine Zeit. Denn er muss weiter zu einer Beobachtungsstation, wo bereits eine Zoologin auf ihn und den kleinen Affen wartet. Als die ungleichen Reisegefährten endlich an ihrem Ziel angelangen, sehen sie sich einer »etwas dick gewordenen, mit einer stark schweinischen Lache ausgezeichneten« Frau gegenüber. Sie nimmt Willemsen den Orang-Utan ab und macht sich sogleich an die medizinische Behandlung.

Als Dank für Willemsens Einsatz gibt sie ihm zum Schluss noch ein Versprechen. Für den Fall, dass der Affe überlebt, soll der Kleine in Zukunft auf den Namen Roger (englische Aussprache) hören. Und tatsächlich. Nicht nur übersteht der Orang-Utan seine Krankheit und wird somit zu Willemsens tierischem Namensvetter. Er kommt sogar noch zu cineastischem Ruhm, als er etwas später die Rolle des »Little Roger« in einem französischen Dokumentarfilm übernimmt.

Willemsen und die Stille

Für seine Tätigkeit als Schriftsteller braucht Roger Willemsen die stillen Stunden so sehr wie die Luft zum Atmen. Er sucht diese Momente der Stille ganz bewusst und zieht sich zurück, um in sich zu gehen und herauszufinden, was wirklich wichtig ist.

Doch die Stille ist nicht nur Grundvoraussetzung für Willemsens Arbeit, sie ist noch viel mehr: Er ist der Meinung, dass sich ganz besondere persönliche Erlebnisse oft in völliger Stille abspielen. Nicht zuletzt auch in der Liebe.

Ein solch persönliches Erlebnis hat der Reiseautor an einem Fluss im scheinbar endlosen Dschungel Borneos. Dort sitzt er neben einer einheimischen Frau am Ufer. Die beiden sind durch eine unüberwindbare Sprachbarriere voneinander getrennt, also schweigen sie und betrachten die vorbeifließenden Wassermassen. Nach einer Weile gesellt sich ein Mann zu den beiden. Er trägt eine handgeschnitzte Flöte bei sich, spielt ein kurzes Lied auf ihr und bietet Willemsen die Flöte an. Daraufhin kauft der Europäer dem Einheimischen das Instrument ab und schenkt es der schweigenden Frau. Zu Willemsens Erstaunen nimmt die Frau die Flöte wortlos entgegen und schmeißt sie ohne viel Aufhebens ins Wasser, da sie der Meinung ist, »das Lied solle da drin bleiben und ins Meer schwimmen«. Zumindest interpretiert Willemsen ihre Handlung entsprechend, denn nach wie vor schweigen die beiden.

Diese ungewöhnliche und doch irgendwie romantische Szene berührt den Reisenden, der die Stille liebt, so sehr, dass sie sich für alle Zeiten in sein Gedächtnis einbrennt.

Ein Unfall an der Alster

In seinem Wohnort Hamburg radelt Roger Willemsen unbekümmert und natürlich ohne Helm an der Alster entlang, als ihm wie aus dem Nichts ein anderer Radfahrer die Vorfahrt nimmt. »Im letzten Augenblick« weichen sie aus, schrammen haarscharf aneinander vorbei. Zum Glück kommen beide mit dem Schrecken davon und können direkt zur Klärung der Schuldfrage übergehen.

Diesen Schuh möchte sich natürlich keiner der beiden Unfallgegner anziehen, und so machen sie eine Weile lang den jeweils anderen für das Missgeschick verantwortlich. Nach diesem ersten Beschnuppern fahren sie dann ein gutes Stück nebeneinanderher und unterhalten sich bestens, ohne überhaupt zu wissen, mit wem sie sich den Radweg teilen. Letztlich enthüllen sie dann aber doch ihre Identitäten, und aus dem Unfall entsteht nach und nach eine wunderbare Freundschaft zwischen dem Schriftsteller Roger Willemsen und dem Fotografen Ralf Tooten. Ein Paradebeispiel für das sprichwörtliche Glück im Unglück.

Einige Zeit später zeigt Tooten seinem Schriftstellerfreund einige Fotos aus Bangkok und möchte Willemsens Meinung dazu wissen. Daraus entsteht die Idee für ihr gemeinsames Buch »Bangkok Noir«, einen eindrucksvollen Bildband über das Nachtleben der thailändischen Metropole mit Fotos von Ralf Tooten und Texten von Roger Willemsen.

Während ihrer gemeinsamen Zeit in Bangkok verfestigt sich die Männerfreundschaft. Tooten zeigt sich beeindruckt von Willemsens konzentrierter Arbeitsweise und vor allem von seinem unersättlichen Appetit auf »Mango mit Sticky Rice«. Diese gegenseitige Wertschätzung führt letzten Endes sogar dazu, dass Tooten zugibt, an dem Fahrradunfall schuld gewesen zu sein.

Von der Schuldfrage einmal ganz abgesehen, scheint für Willemsen eines klar zu sein: Das Aufeinandertreffen der beiden ist kein Zufall, sondern »wirklich ein bisschen buddhistisch«.

Willemsen, Saddam Hussein und der Leistenbruch

Bei den Recherchen für »Bangkok Noir« entdeckt Willemsen bei sich »eine Beule in der Leistengegend«. Da trifft es sich ganz gut, dass er für sein Buch ohnehin ein größeres Bangkoker Krankenhaus auf dem Zettel stehen hat. So kann er Recherche und medizinische Untersuchung verbinden und lässt sich »gegen das Durchziehen« seiner Kreditkarte von einem thailändischen Arzt behandeln. Die Diagnose kommt schnell – und zwar in Form eines doppelten Leistenbruchs, der auch möglichst schnell operiert werden sollte.

Willemsen fackelt nicht lange. Auf seinen ausdrücklichen Wunsch hin vereinbart der Arzt einen nächtlichen OP-Termin, und so findet sich Willemsen wenige Nächte später im Operationskeller der Klinik wieder. Vor dem Eingriff sieht er sich noch einem vertrauenerweckenden Anästhesisten gegenüber, der starke Ähnlichkeit mit Saddam Hussein aufweist. Dann schlummert er aber auch schon weg und wird bei Vollnarkose operiert.

Der Eingriff verläuft reibungslos, und Willemsen erwacht umgeben von kleinen Krankenschwestern, die ihm die Hände auf den wunden Körper legen. Als er wieder vollständig bei sich ist, geht Willemsen mitsamt Infusionsbeutel auf nächtliche Erkundungstour. Auf den Gängen tummeln sich außer ihm noch »andere Gespenster«, und im Gegensatz zu deutschen Krankenhäusern liegt kein Desinfektionsmittel in der Luft, »sondern es riecht nach Lotus und Jasmin«.

Betört von diesem blumigen Duft und umgeben von »14 Engelein«, vergisst Willemsen dann schon fast, dass er »zwei klaffende Wunden am Körper« hat.

Tags darauf darf er die Klinik schon wieder verlassen. »Als Privatpatient in Deutschland«, da ist sich Willemsen sicher, hätte er das »nie so erlebt«.

Willemsen und die tote Großmutter

Eine Hütte im Norden Indonesiens, mitten im Dschungel. Roger Willemsen schläft. Bis ihn gegen zwei Uhr ein Besucher aufweckt und fragt, ob er nicht dessen Großmutter kennenlernen wolle. Als Mitteleuropäer möchte man meinen, dass die meisten Großmütter um diese fortgeschrittene Stunde bereits schlafen. Aber wer weiß? Möglicherweise gehen die Uhren in Indonesien anders. Auch für Großmütter.

Willemsen nimmt das Angebot jedenfalls gerne an und folgt seinem Besucher. Seine einzige Lichtquelle in der Finsternis des Dschungels: eine brennende Kerze. Er staunt nicht schlecht, als er im Kerzenschein einen »eingefallenen, balsamierten Körper« sieht. Wie er erst jetzt erfährt, ist die Großmutter bereits tot. Und zwar schon seit einem halben Jahr. Doch leider ist ihr der Weg ins Jenseits noch verwehrt, denn die Hinterbliebenen sind sehr arm und müssen noch eine Weile sparen, bis sie genug Geld für den traditionellen Bestattungsritus beisammenhaben. Nach der Sitte ihres Volkes müssen zuerst einige Stiere geschlachtet werden, ehe die Großmutter die letzte Reise antritt, denn ohne die Tieropfer wäre ihre Seele zu arm fürs Jenseits.

Während Willemsen das »in die Ewigkeit starrende Gesicht« betrachtet, spürt er den »starken Klang«, der von dem Moment ausgeht. Für ihn enthüllt der Anblick der toten Frau auf gewisse Art »die Banalität des Nichtseins«, gleichzeitig ist er aber auch »auf eine unwahrscheinliche Weise real«.

Auch wenn Willemsen dieses Aufeinandertreffen mit dem Tod nicht aktiv sucht, so hat es doch eine starke Wirkung auf den Schriftsteller. Gut möglich, dass der »starke Klang« des Augenblicks – wenn auch noch vermeintlich weit entfernt – ihn an die Unausweichlichkeit des eigenen Todes erinnert.

Willemsen und der erleuchtete Asket

Die Schauplätze, die das Leben für so manches Aufeinandertreffen wählt, sind bisweilen sehr skurril. So zum Beispiel bei Roger Willemsens Begegnung mit einem nepalesischen Asketen. Die beiden kommen in dem hinduistischen Heiligtum Pashupati in Kathmandu miteinander ins Gespräch. Möglicherweise besteht eine Grundsympathie zwischen dem bekennenden Kiffer Willemsen und dem dauerkiffenden Bettelmönch. Vielleicht entzieht sich ihre Begegnung aber auch solch weltlichen Maßstäben und ruht auf weitaus spirituellerem Fundament. Schließlich sehen wir auf der einen Seite Deutschlands weltoffenen, sehr an Transzendenz interessierten Vorzeigeintellektuellen und auf der anderen Seite keinen Geringeren als den erleuchteten Hanuman Baba, ein Sadhu im stolzen Alter von 103 Jahren.

Baba lebt in Pashupati – einem Ort, an dem die Hindus ihre Toten waschen und bestatten – auf einer Fläche von vier Quadratmetern. Der Verwesungsgeruch macht ihm nichts aus. Für ihn ist das Bestattungsviertel ein Ort des inneren Friedens. Der weise Hindu betet. Ansonsten macht er nichts. Außer eben kiffen. Willemsen befragt ihn nach dem Inhalt und der Wirkung seiner Gebete. Abschließend bittet er ihn um Rat, wie er sein Leben in Zukunft gestalten soll. Immer bei der Wahrheit bleiben, so lautet die

Empfehlung des Erleuchteten. Und mit den inneren Augen sehen. Denn die täuschen uns nicht.

Willemsen kommt dennoch nicht an der äußeren Betrachtung Hanuman Babas vorbei. Nicht nur hat der Mann ein durchaus biblisches Alter, er trägt auch noch einen Zopf von zwei Meter Länge, der wohl zuletzt »vor ungefähr 55 Jahren Berührung mit etwas PH-Neutralem gehabt hat«.

Von dieser Haarpracht ganz fasziniert, erkundigt sich Willemsen, ob es für Baba nicht doch noch irgendetwas außer Beten und Kiffen gebe. Da überrascht der Erleuchtete den Journalisten mit einem Satz, der so auch aus dem Werbefernsehen stammen könnte: »Mein Haar ist mein Hobby«, antwortet er und wirft Willemsen seinen Zopf um den Hals. Das ist wirklich das Letzte, womit der deutsche Journalist rechnet. Zu allem Überfluss erwacht in Willemsen angesichts der vielen Mikroorganismen in Babas Haar umgehend die Angst vor einer möglichen Übertragung. Doch seine Sorge erweist sich als unbegründet, und er kann sich unversehrt von dem ehrwürdigen Asketen verabschieden.

Afghanische Weisheit

Das Land am Hindukush hat viele Gesichter, und Roger Willemsen kennt wohl die meisten von ihnen. Afghanistan ist für den Schriftsteller ein Ort der alten Liebe und der neuen Hoffnung. Ein Land des bitteren Leids und des unsäglichen Grauens, aber auch der keimenden Freude und der ewigen Gastfreundschaft.

Er hat afghanische Freunde und bewegt sich zumindest teilweise auf ihm bekannten Terrain, und doch wird er wohl immer ein Fremder bleiben. Vor allem im Gespräch mit den Einheimischen wird der Unterschied zwischen ihm, dem weißen Gast aus dem Westen, und seinen Gastgebern mit der sonnengegerbten Haut immer wieder sehr deutlich.

Wenn er einen Dorfältesten fragt, ob es wohl bald Frieden geben könne, weicht der aus und redet lieber über seine Feldfrüchte und sein Vieh. Da merkt Willemsen sofort, dass seine Frage zu direkt, ja womöglich zu indiskret ist, und passt seine Vorgehensweise der Zurückhaltung seines Gegenübers an. So stellt er die Frage nach dem Frieden einige Zeit später erneut. Diesmal zwar weniger zudringlich, jedoch mit demselben Ergebnis. Der Älteste ist noch nicht bereit, auf das Thema Frieden einzugehen. Wahrscheinlich ist die Vorstellung und damit auch die Realität des Friedens einfach zu weit weg, und er wagt es nicht, in konkreter Form darüber zu sprechen.

Doch Willemsen lässt nicht locker. Er stellt die Frage in abgewandelter Form im Laufe des Gesprächs immer wieder. Und schließlich gibt ihm der alte Afghane auch eine Antwort.

»Ihr habt die Uhr«, sagt er zu Willemsen. »Und wir haben die Zeit.«

Auch wenn sich der deutsche Journalist vielleicht eine andere, ja vielleicht eine präzisere Antwort wünscht, muss er sich damit zufrieden geben. »Es wird nicht ausdrücklicher«, sieht er ein und lässt das Thema damit auf sich beruhen.

Ein bisschen Hoffnung gibt der Satz des Alten aber doch. Denn allen vergangenen Entbehrungen zum Trotz mag der Friede dennoch eines Tages kommen. Wenn nur genug Zeit vergeht.

Quellennachweis

Adenauers Lüge

Roger Willemsen – Mensch Otto (2013); https://www.youtube.com/watch?v=Fz_PPHrN9Ws; v. 23.12.2013; aufgerufen am 26.11.2015

Unter 4 Augen: Roger Willemsen; https://www.youtube.com/watch?v=ccI_qdH44YA; v. 01.03.2008; aufgerufen am: 26.11.2015

Roger Willemsen – »Stars und Hits« (2006); https://www.youtube.com/watch?v=q7VZ-mQpDVk; v. 22.12.2013; aufgerufen am: 26.11.2015

Yoga statt Fernsehen

Roger Willemsen – Mensch Otto (2013); https://www.youtube.com/watch?v=Fz_PPHrN9Ws, v. 23.12.2013; aufgerufen am 01.12.2015

Unter 4 Augen: Roger Willemsen; https://www.youtube.com/watch?v=ccI_qdH44YA, v. 01.03.2008; aufgerufen am 01.12.2015

Roger Willemsen – »Stars und Hits« (2009); https://www.youtube.com/watch?v=Z4CicBdLipM, v. 22.12.2013; aufgerufen am 01.12.2015

Willemsens Ehrenrunde

SWR UniTalk Fritz Frey vs. Roger Willemsen; https://www.youtube.com/watch?v=53QlPV5bgz8; v. 14.12.2014; aufgerufen am 26.11.2015

Roger Willemsen – Autor und Moderator | SWR1 LEUTE Night | SWR; https://www.youtube.com/watch?v=heOoMEM0dI8; v. 05.10.2012; aufgerufen am 26.11.2015

Flucht aufs Internat

Unter 4 Augen: Roger Willemsen; https://www.youtube.com/watch?v=ccI_qdH44YA; v. 01.03.2008; aufgerufen am 26.11.2015

Willemsen und die englische Austauschschülerin

Anne Kemper: »Gott ist mein Vorbild«; http://www.zeit.de/campus/2008/04/roger-willemsen-mensatalk; v. 29.07.2008; aufgerufen am 02.12.2015

Harald Schmidt Show 968 – Billige Hautcreme / Roger Willemsen; https://www.youtube.com/watch?v=73Q8BVA8a5I; v. 19.11.2015; aufgerufen am 18.12.2015

Willemsen und die dicke Prostituierte

Justus Bender: »Die Liebe hat immer etwas Vulgäres«; http://www.zeit.de/kultur/literatur/2012-11/bender-burgard-willemsen-liebe; v. 21.12.2012; aufgerufen am: 02.12.2015

Willemsen der Nachtwächter

Roger Willemsen »hr 1-Talk« (2010); https://www.youtube.com/watch?v=7rR7gJXjYY8, v. 22.12.2013; aufgerufen am: 02.12.2015

Roger Willemsen »NDR Info-Der Talk« (2010); https://www.youtube.com/watch?v=O_wuaXK5n1k; v. 22.12.2013; aufgerufen am 02.12.2015

Unter 4 Augen: Roger Willemsen; https://www.youtube.com/watch?v=ccI_qdH44YA; v. 01.03.2008; aufgerufen am 02.12.2015

Ein Rehbock in der Bank

Roger Willemsen »NDR Info-Der Talk« (2010); https://www.youtube.com/watch?v=O_wuaXK5n1k; v. 22.12.2013; aufgerufen am 02.12.2015

Der schwarze Afghane

SWR UniTalk Fritz Frey vs. Roger Willemsen;
https://www.youtube.com/watch?v=53QlPV5bgz8;
v. 14.12.2014; aufgerufen am 03.12.2015

Roger Willemsen und der »zerebrale Schaden«

SWR UniTalk Fritz Frey vs. Roger Willemsen;
https://www.youtube.com/watch?v=53QlPV5bgz8,
v. 14.12.2014; aufgerufen am: 26.11.2015

Der missglückte Roman

SWR UniTalk Fritz Frey vs. Roger Willemsen;
https://www.youtube.com/watch?v=53QlPV5bgz8,
v. 14.12.2014; aufgerufen am 01.12.2015

Roger Willemsen – Ein Intellektueller, der begeistert | THADEUSZ | RBB; https://www.youtube.com/watch?v=LlE5IKi2O7I,
v. 11.08.2015; aufgerufen am: 01.12.2015

Ein Gelehrter im Opiumrausch

Opium rauchen mit Roger Willemsen – Roger Willemsen zu Gast in der Lateline (bei Jens-Uwe Krause);
https://www.youtube.com/watch?v=BZon6plMuj4,
v. 11.09.2010; aufgerufen am 09.12.2105

Warum eigentlich Roger?

Interview: Roger Willemsen über die Masseneinwanderungsinitiative und Reisen; https://www.youtube.com/watch?v=oCHEdw2LA_4; v. 26.02.2014; aufgerufen am 01.12.2015

Der Ansager von »Premiere«

Unter 4 Augen: Roger Willemsen;
https://www.youtube.com/watch?v=ccI_qdH44YA,
v. 01.03.2008; aufgerufen am 03.12.2015

Roger Willemsen Biographie;
http://www.roger-willemsen.de/biographie/;
aufgerufen am 03.12.2015

Roger Willemsen; https://de.wikipedia.org/wiki/Roger_Willemsen;
v. 13.11.2015; aufgerufen am 03.12.2015

Willemsen und der Menschenfresser

Wortwechsel – Walter Janson im Gespräch mit Roger Willemsen
19.03.2006; https://www.youtube.com/watch?v=q7LvZxfUkH8;
v. 22.05.2015; aufgerufen am 03.12.2015

Willemsen der Therapeut

Unter 4 Augen: Roger Willemsen;
https://www.youtube.com/watch?v=ccI_qdH44YA,
v. 01.03.2008; aufgerufen am 03.12.2015

Roger Willemsen: Der ewig Reisende (Sternstunde Philosophie,
26.04.2014); https://www.youtube.com/watch?v=thmczk9khdw;
v. 27.04.2015; aufgerufen am 03.12.2015

Roger Willemsen - »Stars und Hits« (2006);
https://www.youtube.com/watch?v=q7VZ-mQpDVk;
v. 22.12.2013; aufgerufen am 03.12.2015

Willemsen, Dieter Hildebrandt und die Livesendung

Roger Willemsen – Mensch Otto (2013);
https://www.youtube.com/watch?v=Fz_PPHrN9Ws;
v. 23.12.2013; aufgerufen am 07.12.2015

Willemsen und der Dalai-Lama

Roger Willemsen – »Stars und Hits« (2006);
https://www.youtube.com/watch?v=q7VZ-mQpDVk;
v. 22.12.2013; aufgerufen am 03.12.2015

Roger Willemsen »hr 1-Talk« (2010);
https://www.youtube.com/watch?v=7rR7gJXjYY8,
v. 22.12.2013; aufgerufen am: 03.12.2015

Interview. Roger Willemsen über die Masseneinwanderungs initiative und Reisen; https://www.youtube.com/watch?v=oCHEdw2LA_4; v. 26.02.2014; aufgerufen am 03.12.2015

Roger Willemsen – Mensch Otto (2013); https://www.youtube.com/watch?v=Fz_PPHrN9Ws; v. 23.12.2013; aufgerufen am 03.12.2015

Willemsen, Michel Petrucciani und das NYPD

Roger Willemsen »NDR Info-Der Talk« (2010); https://www.youtube.com/watch?v=O_wuaXK5n1k; v. 22.12.2013; aufgerufen am 04.12.2015

Willemsen zu Gast bei Berti Vogts

Roger Willemsen – Ein Intellektueller, der begeistert | THADEUSZ | RBB; https://www.youtube.com/watch?v=LlE5IKi2O7I; v. 11.08.2015; aufgerufen am 04.12.2015

Roger Willemsen – »Stars und Hits« (2006); https://www.youtube.com/watch?v=q7VZ-mQpDVk, v. 22.12.2013; aufgerufen am 04.12.2015

Roger Willemsen der Bahnfahrer

Roger Willemsen – »Stars und Hits« (2006); https://www.youtube.com/watch?v=q7VZ-mQpDVk, v. 22.12.2013; aufgerufen am 04.12.2015

SWR UniTalk Fritz Frey vs. Roger Willemsen; https://www.youtube.com/watch?v=53QlPV5bgz8; v. 14.12.2014; aufgerufen am 04.12.2015

Willemsen sind die Schuhe zu klein

Roger Willemsen – »Stars und Hits« (2009); https://www.youtube.com/watch?v=Z4CicBdLipM; v. 22.12.2013; aufgerufen am 07.12.2015

Willemsen und die handgemachten Pferdelederschuhe

Roger Willemsen: Der ewig Reisende (Sternstunde Philosophie, 26.04.2014); https://www.youtube.com/watch?v=thmczk9khdw; v. 27.04.2015; aufgerufen am 04.12.2015

Unter 4 Augen: Roger Willemsen; https://www.youtube.com/watch?v=ccI_qdH44YA, v. 01.03.2008; aufgerufen am 04.12.2015

Roger Willemsen: ein Sünder im Kloster

Psst ... Mit Harald Schmidt und Roger Willemsen 2007; https://www.youtube.com/watch?v=8Won5XlbApE; v. 18.03.2013; aufgerufen am 07.12.2015

Die brennende Unterhose

Charlotte Roche – WAHRHEIT ODER PFLICHT. Teil 2; https://www.youtube.com/watch?v=Ah2FOFrjxzg; v. 08.04.2007; aufgerufen am 09.12.2015

Der Philosoph und die Mutter Gottes

Roger Willemsen »NDR Info-Der Talk« (2010); https://www.youtube.com/watch?v=O_wuaXK5n1k; v. 22.12.2013; aufgerufen am 10.12.2015

Willemsen auf dem Klo der Taliban

SWR UniTalk Fritz Frey vs. Roger Willemsen; https://www.youtube.com/watch?v=53QlPV5bgz8; v. 14.12.2014; aufgerufen am 10.12.2015

Wortwechsel – Walter Janson im Gespräch mit Roger Willemsen 19.03.2006; https://www.youtube.com/watch?v=q7LvZxfUkH8; v. 22.05.2015; aufgerufen am 10.12.2015

Willemsen und die afghanischen Kinder

Roger Willemsen – Mensch Otto (2013); https://www.youtube.com/watch?v=Fz_PPHrN9Ws; 23.12.2013; aufgerufen am 10.12.2015

Mit den Augen der Kinder – Roger Willemsen und die Kinder in Afghanistan (3SAT) [Info 108]; https://www.youtube.com/watch?v=jWb_RF1yHkE; v. 28.08.2013; aufgerufen am 10.12.2015

Unter 4 Augen: Roger Willemsen; https://www.youtube.com/watch?v=ccI_qdH44YA; 01.03.2008; aufgerufen am 10.12.2015

Willemsen und die verbale Kanonade

SWR UniTalk Fritz Frey vs. Roger Willemsen; https://www.youtube.com/watch?v=53QlPV5bgz8; v. 14.12.2014; aufgerufen am 10.12.2015

Roger Willemsen – »Stars und Hits« (2009); https://www.youtube.com/watch?v=Z4CicBdLipM; v. 22.12.2013; aufgerufen am 10.12.2015

Literatur und Rotwein

Roger Willemsen – Autor und Moderator | SWR1 LEUTE Night | SWR; https://www.youtube.com/watch?v=heOoMEM0dI8; v. 05.10.2012; aufgerufen am 17.12.2015

Am Ende der Kurve

Interview: Roger Willemsen über die Masseneinwanderungsinitiative und Reisen; https://www.youtube.com/watch?v=oCHEdw2LA_4; v. 26.02.2014; aufgerufen am 17.12.2015

Willemsen auf Dantes Spuren

Interview: Roger Willemsen über die Masseneinwanderungsinitiative und Reisen; https://www.youtube.com/watch?v=oCHEdw2LA_4; v. 26.02.2014; aufgerufen am 17.12.2015

Roger Willemsen im Interview; https://www.youtube.com/watch?v=d6XoJRrHItk; v. 01.07.2011; aufgerufen am: 17.12.2015

Ein Orang-Utan namens Roger

Roger Willemsen »NDR Info-Der Talk« (2010); https://www.youtube.com/watch?v=O_wuaXK5n1k; v. 22.12.2013; aufgerufen am 17.12.2015

Unter 4 Augen: Roger Willemsen; https://www.youtube.com/watch?v=ccI_qdH44YA; v. 01.03.2008; aufgerufen am 17.12.2015

Willemsen und die Stille

Kölner Treff – mit Heino, Willemsen, Bohmeyer; https://www.youtube.com/watch?v=vPyDmKkEMRY; v. 20.03.2015; aufgerufen am 18.12.2015

Ein Unfall an der Alster

Roger Willemsen – »Stars und Hits« (2009); https://www.youtube.com/watch?v=Z4CicBdLipM; v. 22.12.2013; aufgerufen am 18.12.2015

Willemsen, Saddam Hussein und der Leistenbruch

Roger Willemsen – »Stars und Hits« (2009); https://www.youtube.com/watch?v=Z4CicBdLipM; v. 22.12.2013; aufgerufen am 18.12.2015

Roger Willemsen im Sonntagsgespräch; https://www.youtube.com/watch?v=FsiaodObvUA; v. 14.04.2012; aufgerufen am 18.12.2015

Willemsen und die tote Großmutter

Roger Willemsen: Der ewig Reisende (Sternstunde Philosophie, 26.04.2014); https://www.youtube.com/watch?v=thmczk9khdw; v. 27.04.2015; aufgerufen am 20.12.2015

Willemsen und der erleuchtete Asket

SWR3latenight Talk: mit Roger Willemsen; https://www.youtube.com/watch?v=rgbIpJUwhhw; v. 09.05.2011; aufgerufen am 20.12.2015

Nichts außer zu beten; http://www.zeit.de/2009/33/Willemsen-Baba; v. 06.08.2009; aufgerufen am 20.12.2015

Afghanische Weisheit

Roger Willemsen: Der ewig Reisende (Sternstunde Philosophie, 26.04.2014); https://www.youtube.com/watch?v=thmczk9khdw; v. 27.04.2015; aufgerufen am 20.12.2015